BIBLIOTHÈQUE D'HISTOIRE CONTEMPORAINE

B^ron de Courcel, P. Deschanel, P. Doumer, E. Étienne, Gal Lebon,
Victor Bérard, R. de Caix, M. Revon, Jean Rodes, Dr Rouire

Dépôt légal ... N° 182 ... 1910

Les Questions actuelles
de
Politique étrangère
en Asie

L'Asie ottomane — Les compétitions dans l'Asie centrale et les réactions indigènes
La transformation de la Chine — La politique et les aspirations du Japon
La France et la situation politique en Extrême-Orient

(Conférences organisées à la Société des anciens élèves de l'École libre des Sciences politiques)

Avec 4 cartes hors texte

Paris, FÉLIX ALCAN, éditeur.

LES QUESTIONS ACTUELLES

DE

POLITIQUE ÉTRANGÈRE

EN ASIE

8° O²
1184

FÉLIX ALCAN, ÉDITEUR

Les Questions actuelles de politique étrangère en Europe. *Nouvelle édition, revue et mise à jour* (en préparation), par MM. F. Charmes, A. Leroy-Beaulieu, R. Millet, A. Ribot, A. Vandal, R. de Caix, R. Henry, G. Louis-Jaray, R. Pinon. A. Tardieu. 1 vol. in-16. . . . . 3 fr. 50

Le Socialisme à l'étranger, par MM. J. Bardoux, G. Gidel, K. Goraï, G. Isambert, G. Louis-Jaray, A. Marvaud, M. da Motta, M. Revon. P. Quentin-Beauchard, A. Tardieu. Préface de M. A. Leroy-Beaulieu, Conclusion de M. J. Bourdeau, 1909. 1 vol. in-16. . . . . 3 fr. 50

PRINCIPAUX OUVRAGES DES COLLABORATEURS DU PRÉSENT VOLUME

V. BÉRARD

La Turquie et l'Hellénisme contemporain. *La Macédoine.* Un vol. in-18, 5e édition (Félix Alcan), 1904.

L'Angleterre et l'Impérialisme. Un vol. in-18, avec une carte en couleur hors texte, 4e édition (A. Colin).

Le Sultan, l'Islam et les Puissances. Un vol. in-18 (A. Colin).

La Révolution Turque. Un vol. in-18 (A. Colin).

R. DE CAIX

Fachoda. *La France et l'Angleterre* (André), 1899.

Terre-Neuve et le French-Shore (Société franç. d'édition), 1904.

MICHEL REVON

L'Arbitrage international, son présent, son passé, son avenir (Rousseau), 1892.

Le Japon moderne (Naud), 1904.

Le Shiuntoïsme (Leroux), 1907.

Les anciens rituels du Shiuntô, considérés comme formules magiques (Oxford, Clarendon Press), 1908.

JEAN RODES

La Chine nouvelle. Un vol. in-16 (Félix Alcan), 1910.

Dr ROUIRE

La découverte du bassin hydrographique de la Tunisie Centrale et l'emplacement de l'ancien lac Triton (Challamel), 1888.

L'Afrique aux Européens (Hachette), 1907.

La Rivalité anglo-russe au XIXe siècle en Asie (A. Colin), 1908.

BARON DE COURCELLE, P. DESCHANEL, P. DOUMER, E. ÉTIENNE, GENERAL LEBON

VICTOR BERARD, R. DE CAIX, M. REVON, JEAN RODES, Dr ROUIRE

LES QUESTIONS ACTUELLES

DE

POLITIQUE ÉTRANGÈRE

EN ASIE

Conférences organisées à la Société des anciens élèves de l'École libre des Sciences Politiques.

L'ASIE OTTOMANE. — LES COMPÉTITIONS DANS L'ASIE CENTRALE ET LES RÉACTIONS INDIGÈNES. — LA TRANSFORMATION DE LA CHINE. — LA POLITIQUE ET LES ASPIRATIONS DU JAPON. — LA FRANCE ET LA SITUATION POLITIQUE EN EXTRÊME-ORIENT.

Avec 4 cartes hors texte.

PARIS

FÉLIX ALCAN, ÉDITEUR

LIBRAIRIES FÉLIX ALCAN ET GUILLAUMIN RÉUNIES

108, BOULEVARD SAINT-GERMAIN, 108

1910

Tous droits de traduction et de reproduction réservés.

LES QUESTIONS ACTUELLES

DE

POLITIQUE ÉTRANGÈRE

EN ASIE

Ce livre est la poursuite de l'œuvre, qui a été entreprise pour la première fois à l'École des Sciences politiques, il y a deux ans. La section de diplomatie de la Société des anciens élèves avait organisé une série de cinq réunions d'étude sur les « Questions actuelles de politique étrangère en Europe ». Le succès et le retentissement qu'elles ont eus en ont montré l'opportunité. Leurs travaux ont fait l'objet d'un ouvrage dont deux éditions n'ont pas épuisé l'intérêt et notre éditeur en prépare pour l'automne prochain une édition nouvelle, revue et mise à jour.

Poursuivant l'exécution de la même pensée, la section de diplomatie a provoqué cette année les études que nous présentons au public dans ce volume. Nous continuons ainsi la publication d'une sorte de Manuel de la politique étrangère contemporaine envisagée au point de vue français. A ce titre, ce livre, complétant l'œuvre des conférences d'où il provient, nous paraît utile pour la formation d'une opinion publique éclairée dans notre pays[1].

Le 1er mars 1910.

1. Les discours et les conférences sont publiés, les uns d'après la sténographie, revue par l'auteur, les autres d'après le texte des auteurs. Mais nous avons tenu à respecter en tous cas la forme parlée.

INTRODUCTION

L'ASIE DANS LA POLITIQUE MONDIALE

PAR

M. PAUL DESCHANEL

DE L'ACADÉMIE FRANÇAISE

DÉPUTÉ

Messieurs [1],

Je remercie bien vivement la Société des anciens élèves et élèves de l'École des sciences politiques et sa section de diplomatie et d'histoire du nouvel honneur qu'elles veulent bien me faire aujourd'hui. C'est pour moi une grande joie de me retrouver dans cette noble maison, avec mon cher et très honoré confrère M. Anatole Leroy-Beaulieu, qui vous prodigue sans compter toute son intelligence, toute sa volonté, tout son cœur, avec vos maîtres éminents, au milieu de cette élite de notre jeunesse qui donne à la France tant de hauts, de généreux espoirs.

Ce qui accroît encore mon plaisir, c'est de venir entendre avec vous une conférence de M. Victor Bérard. M. Victor Bérard joint à l'érudition la plus étendue, à la documentation la plus précise et la plus piquante, — vous vous rappelez son *Odyssée*, — l'imagination, la couleur, le style, le sens des grands mouvements historiques, surtout cette passion de la France, cet amour du droit, cette flamme de justice et d'humanité qui éclairent toute sa vie intellectuelle d'un rayon d'idéal.

Il va vous parler de l'Empire ottoman, de la partie asiatique de cet Empire, de l'Asie ottomane. Il a

1. Discours prononcé par M. Paul Deschanel, le 22 janvier 1909.

dit un jour que l'Empire ottoman vaut moins encore par les admirables richesses de son sol et de son sous-sol, que par l'importance des routes qui le traversent. Nous allons parcourir avec lui ces grandes artères, ces grandes lignes ferrées qui permettront au gouvernement ottoman d'atteindre les extrémités de l'Empire et en même temps d'en concentrer les forces : d'une part, à travers l'Arabie, le chemin de fer de la Mecque ; d'autre part, de l'Asie Mineure au golfe Persique, le chemin de fer de Bagdad.

Il vous dira ce qu'il pense du firman concédé aux Allemands en 1903 pour la ligne de Bagdad et quelle est, à son avis, la meilleure politique à suivre en cette affaire par chacune des puissances intéressées.

Il est une idée qui revient souvent dans ses écrits, une thèse qui lui est chère, à savoir que les différends, les rivalités provoqués entre les nations par ces grands passages devront être de plus en plus résolus, conciliés, apaisés par l'institution de commissions internationales. De même que nous avons aujourd'hui la commission du Danube, il aperçoit dans l'avenir une commission du Bosphore, une commission des Dardanelles, une commission du golfe Persique.

Ces idées, il y a quelques années encore, pouvaient paraître assez lointaines ; peut-être M. Victor Bérard pense-t-il qu'elles le sont moins, depuis que l'Angleterre et la Russie ont conclu l'accord du 30 août 1907 sur les affaires de l'Asie centrale.

On avait pu craindre longtemps un conflit dans

cette partie du monde; je ne dis pas une grande guerre de conquête, car on ne voit guère les Russes s'élançant à la conquête de l'Inde, ni les Anglais s'élançant à la conquête du Turkestan; mais, sur les marches où les avant-postes des deux nations se rencontraient, vous savez combien de querelles s'étaient élevées.

L'accord du 30 août 1907 y a mis fin. Il est entendu que le Thibet, l'Afghanistan et le golfe Persique resteront les boulevards de l'Inde, et la Perse est divisée en deux sphères d'influence : au nord, la sphère d'influence russe; au sud, la sphère d'influence anglaise.

Et ce traité vaut plus encore par ses conséquences européennes que par ses conséquences asiatiques, puisqu'il permet aux deux puissances de concentrer en Europe la majeure partie de leurs forces et, par là, de contribuer plus efficacement au maintien de l'équilibre européen et de la paix.

Mais, Messieurs, le fait capital qui domine tous les problèmes asiatiques, c'est la guerre russo-japonaise. Cet événement a ouvert dans l'histoire du monde une ère nouvelle. La race blanche allait-elle asservir la race jaune, comme elle avait subjugué la race noire et la race rouge? Le Japon a répondu. L'Europe s'est heurtée à de vieilles civilisations, très antérieures à la sienne, et qui, comme la sienne, avaient brillé par la science, l'art, la littérature, la philosophie, — et aussi par la gloire des armes : car, ce n'est que depuis une période relativement récente, depuis un siècle environ, que le Japon et la

Chine, ne sentant plus le péril extérieur, n'éprouvant plus le besoin de se défendre, avaient laissé tomber leurs armes. Confucius honorait les vertus militaires : chaque ville a son temple au dieu de la guerre ; il n'était pas de plus grand honneur pour un lettré que de commander aux armées.

Puis, n'ayant plus de guerre, ils n'eurent plus d'armée, et l'Europe en profita pour se ruer sur eux. Le Japon, le premier, s'est réveillé, et sa victoire a réveillé toute l'Asie. La Chine, à son tour, reprend les armes.

Il est probable que, pendant un certain nombre d'années, le Japon va se recueillir ; sa situation économique et financière lui commande la paix. Mais ensuite ? Entrera-t-il de nouveau en lutte avec la Chine pour la Corée ou la Mandchourie ? Ou bien, renonçant à la sage politique que semble indiquer son échange de notes du 30 novembre 1908 avec les États-Unis, tournera-t-il son activité vers le Pacifique et entrera-t-il en rivalité avec l'Amérique ? Ou bien enfin devra-t-il se replier sur lui-même, essayer d'équilibrer son agriculture et son industrie et renoncer à une politique impérialiste ? L'avenir le dira.

Ce qui est sûr dès maintenant, c'est que le partage de la Chine, dont on parlait couramment en Europe il y a quelques années, est une conception morte ; c'est que la devise : « La Chine aux Chinois », qui est aujourd'hui le mot d'ordre de tous les Célestes, deviendra, chaque jour davantage, une réalité. Et, de même que nous avons conclu des accords avec le Japon, — nous, les Anglais et les Russes, — de même nous devrons, à mon sens, essayer de mettre fin à toutes les causes d'irritation avec la Chine et conclure quelque jour des accords avec elle.

Depuis la guerre russo-japonaise, la politique asiatique est devenue solidaire de la politique européenne. Mais nous devrons faire en sorte que la politique asiatique ne pèse pas d'un poids trop lourd sur la politique française. Je suis de ceux, — j'exprime ici une opinion personnelle, — je suis de ceux qui auraient voulu qu'après la guerre de 1870 la France concentrât ses forces. Oh! je ne dis pas seulement sur les Vosges, mais sur les Vosges et dans la Méditerranée, en Afrique. Oui, je l'avoue, j'eusse préféré qu'elle restât en Égypte, et que, après avoir perdu les clefs du passage, elle n'allât pas si loin, à Madagascar et en Indo-Chine. Mais enfin, nous y sommes, et puisque nous sommes en Extrême-Orient, il me semble que c'est surtout par nos ententes, par nos intelligences diplomatiques, que nous devons garantir la sécurité de nos possessions lointaines.

Je me rappelle qu'il y a quelques années, le chef d'état-major général de la Marine, qui était alors l'amiral Touchard, fut chargé de nous apporter, à la commission des Affaires extérieures, un plan de défense de Saïgon et de l'Indo-Chine. Or, nous n'eûmes pas de peine à lui faire reconnaître que ce plan était tout à fait insuffisant et que, pour mettre la colonie en état de défense, il faudrait dépenser des sommes hors de proportion avec l'état de nos ressources budgétaires. C'est donc surtout par la diplomatie qu'il nous faut assurer l'avenir.

J'ajoute enfin que la guerre d'Extrême-Orient — je me place ici, naturellement, à un point de vue purement européen et français — a été un malheur, non seulement pour nos alliés, mais pour toute l'Europe, car c'est Moukden qui a permis le coup de Tanger et le coup de Bosnie et d'Herzégovine. Tout l'effort de la diplomatie française doit tendre à empêcher désormais de pareilles aventures.

Concentrer nos forces et les forces de nos alliés et de nos amis, et travailler à les accroître, tel est, à mon sens, le devoir. Unis et forts en Europe, nous serons tranquilles en Asie.

Mais, Messieurs, je ne veux pas me laisser entraîner plus loin qu'il ne faut ; je sais que vous attendez un autre orateur : j'ai hâte moi-même de l'applaudir, et je lui cède la parole. (*Applaudissements.*)

I

L'ASIE OTTOMANE

ALLOCUTION DE M. PAUL DESCHANEL
DE L'ACADÉMIE FRANÇAISE

CONFÉRENCE DE M. VICTOR BÉRARD
PROFESSEUR A L'ÉCOLE DES HAUTES ÉTUDES

MESSIEURS [1],

L'Empire ottoman, que nous divisons d'habitude en Turquie d'Asie et en Turquie d'Europe, se compose, à la vérité, de trois royaumes : le royaume d'Europe, avec ses capitales de Stamboul, Salonique, Andrinople; le royaume d'Anatolie avec ses capitales de Brousse, Smyrne et Konia; le royaume d'Arabie avec ses capitales de Damas, Bagdad et la Mecque. Ces trois royaumes sont très différents en étendue : le royaume d'Europe est à peine grand comme un tiers de la France, le royaume d'Anatolie est grand comme une fois et demie la France, le royaume d'Arabie est deux fois grand comme notre pays; en tout, environ 1.100.000 kilomètres carrés, représentant un empire quatre fois grand comme notre France, à peine un quart, il est vrai, des Etats-Unis, mais les Etats-Unis comprennent 50 Etats. A certains, ces chiffres ont pu faire croire que l'Empire serait tout prêt pour un fédéralisme, puisqu'à vrai dire un empire centralisé est difficile à étendre sur une pareille superficie et qu'un empire fédéré y serait tout à son aise. Autre argument : la population répandue sur cet espace. Les 5.000.000 d'habitants en Europe, les 12.000.000 en

1. Conférence faite par M. Victor Bérard, le 22 janvier 1909.

Asie Mineure, les 3, 4, 5 ou 6.000.000 en Arabie font au total environ 24.000.000 d'habitants, c'est-à-dire à peine le tiers de la population américaine ; ces 24.000.000 sont partagés en une vingtaine de races, cinq ou six religions, vingt ou trente nationalités. Voilà peut-être autant d'arguments pour la Fédération.

Ajoutez que chacune des trois parties de l'Empire semble tout de même présenter une certaine unité. La Turquie d'Europe est occupée surtout par des peuples, parlant des langues indo-européennes, Grecs, Albanais, Slaves, etc. ; il s'y trouve à peine une minorité parlant une langue sémitique et une minorité parlant la langue turque proprement dite. Et cette Turquie d'Europe apparaît comme chrétienne. L'Anatolie, au contraire, se compose de peuples turcs ou congénères, de gens qui, sans doute, ont perdu les principaux caractères de la race mongole, mais qui en ont conservé la langue. Le royaume d'Arabie est resté entièrement sémitique. Il semblerait donc, à première vue, que dans cet empire on pût découper trois Etats séparés. Les pessimistes voient les choses ainsi, mais les gens expérimentés gardent de tout autres espérances. A un grand vizir d'hier — et de demain peut-être — l'on demandait : « Comment gouvernerez-vous constitutionnellement un pays où vous aurez vingt peuples, cinq ou six religions » ? « Rien de plus facle. L'Europe nous enverra des députés intelligents, de quoi faire une excellente minorité... (*Sourires.*) L'Anatolie nous enverra des députés obéissants, une majorité très bonne ; l'Arabie nous enverra des députés intrigants, de quoi former chaque année plusieurs ministères. » (*Rires.*)

Mais laissons de côté le royaume d'Europe, dont on vous a parlé l'année dernière. Etudions le double royaume asiatique.

* * *

Ce double royaume asiatique est séparé en deux par une frontière naturelle que l'humanité a toujours connue et que les Anciens appelaient le Taurus. Dans la géographie grecque, l'Asie entière était séparée en deux par cette chaîne de montagnes qui, partant des promontoires d'Europe, s'en allait, disaient les Grecs, jusqu'au bout du monde, ininterrompue, si bien qu'ils connaissaient l'Asie au delà du Taurus et l'Asie en deçà. Ce Taurus était, dans l'imagination des Grecs, une montagne très régulière, une chaîne continue, percée à tous les endroits nécessaires de grandes portes : Portes de Lycie, Portes de Pamphylie, Portes de Cilicie, Portes d'Arménie, de Perse, — si bien qu'on avait tous les passages désirables. En réalité, ce Taurus n'a jamais existé. Mais il a existé de tout temps, au travers de l'Asie, sinon une chaîne de montagnes continue, du moins une série de plateaux, et pour prendre une comparaison un peu voyante, une sorte de corde vibrante de montagnes, formée de ventres en forme de plateaux, de nœuds, puis d'autres ventres et d'autres nœuds, qui s'en vont depuis le Bosphore jusqu'au détroit japonais, coupant ainsi le grand continent asiatique d'une bande montagneuse qui, au nord et au sud, laisse deux Asies tout à fait dissemblables : au nord, la grande plaine qui va se perdre dans l'océan Glacial ; au sud, la grande plaine ou plutôt les grandes plaines, les grands deltas, qui vont se perdre dans l'océan Indien.

Il se trouve que, parmi tous les Etats asiatiques, le propre de l'Empire ottoman est d'être à cheval sur ces deux Asies. De tous les Etats asiatiques, c'est le seul qui unit un grand plateau et une plaine tropicale. Ce qui fait la séparation entre les deux royaumes : royaume turc au nord, royaume arabe au sud, c'est précisément cette chaîne du Taurus qui n'existe pas et qui pourtant existe. Ce n'est pas une chaîne, c'est un escalier montagneux, abrupt : aussi loin que les peuples l'ont suivi, ils l'ont reconnu et les Sémites, partis du golfe Persique pour venir jusqu'à la Méditerranée, ont toujours eu à leur droite la « Montagne », dans leur langue le Tûr. Ils lui donnent des noms différents : Tûr des Persans, Tûr des Arméniens, Tûr des Serviteurs de Dieu, et de tout cela les Grecs ingénieux traduisirent : la montagne du Taureau, Taurus.

Au nord du Taurus, c'est le royaume turc. Le propre de ce royaume est de remplir l'un de ces grands plateaux troués d'une cuvette interne, dont la majeure partie est désertique et dont la partie la plus basse est couverte par des lacs salés. Vous pouvez voir en Asie Mineure (montrant la carte) ces lacs salés au milieu des steppes salines. Autour de ces steppes salines, des steppes sablonneuses, jusqu'aux montagnes qui, ruisselantes d'eau de chaque côté, permettent l'installation de villes, de villages, des *euchnès* et des peuples. En gros donc, l'Asie Mineure se présente comme un désert central, ceinturé au nord, au sud et à l'est par des vallées pleines de vie, et terminé à l'ouest sur l'Archipel, par des vallées fluviales qui ressemblent à nos vallées européennes.

En politique, ce qui domine le royaume turc, c'est la présence du Turc lui-même. En majorité, en effet, ce royaume est peuplé de Turcs authentiques, ou du moins, de gens qui ont conservé la langue turque et les plus belles et les plus solides qualités du Turc. Vous savez comment ces Turcs sont venus là. Descendus du Turkestan, ils ont fait l'avantageux métier de Suisses, gardant la porte chez le Chah, puis chez le Kalife de Bagdad, où ils gagnèrent le titre de sultans, d'empereurs militaires, jusqu'au jour où le *Kalife*, le pape des Musulmans, trouvant ces empereurs un peu gênants,—c'est toujours ainsi entre Pape et Empereur — décida de les envoyer ailleurs : il conseilla au Sultan d'aller conquérir le pays byzantin. Le Sultan franchit le Taurus, entra dans cette Asie Mineure que possédaient alors les Byzantins, s'empara de Konia, mit deux siècles pour conquérir toute l'Asie Mineure, puis franchit les Dardanelles, mit deux siècles encore pour conquérir l'Europe jusqu'à Belgrade et jusqu'aux portes de Budapest. On eut ainsi le double royaume turc, d'Europe et d'Asie, de ce côté et de l'autre côté des Dardanelles.

En Asie Mineure, la conquête turque fut très simple. Car le Turc ne s'est pas astreint à bâtir patiemment, sur un plan rationnel et symétrique, à la façon des Romains, un empire centralisé. Il a voulu acquérir le plus rapidement possible, avec le minimum d'efforts, un terrain de subsistance et le maximum de revenus. Il a rasé, ravagé ou courbé jusqu'à terre tout ce qui ne pouvait pas lui résister, les villes et les plaines. Mais les gens des îles et des monts pouvaient se défendre ou échapper ; surtout les gens des frontières pouvaient appeler à l'aide le voisin ; le Turc a transigé : moyennant rançon ou tribut en argent sonnant, il a abandonné l'exercice de ses droits souverains, se contentant d'une suzeraineté tantôt nominale et tantôt effective. L'Empire est une marqueterie de provinces esclaves, sujettes, privilégiées, vassales ou quasi-autonomes; toutes les formes de dépendance s'y rencontrent, et, de la servitude à la rébellion, toutes les sortes d'obéissance.

Dans les plaines même et dans les villes, pour simplifier encore son administration et réduire ses dépenses, le Turc a concédé un statut spécial à la nation vaincue : sous le nom de *roum milleti* « nation des Roumis », les chrétiens orthodoxes continuent de former un Etat dans l'Etat ; ils ont leur chef national, le patriarche, qui leur est ce qu'est le cheik-ul-islam aux musulmans ; leurs évêques et leurs prêtres tiennent dans leurs communautés provinciales un rôle analogue à celui des *ulémas* pour l'enseignement et la justice civile. Par la suite, le Turc concédera de pareils privilèges à d'autres Eglises chrétiennes, aux catholiques, aux grégoriens.

L'armée reste la pièce maîtresse de cet organisme, dont la conquête est toujours la fonction dernière : « Le gouvernement turc, — écrivait à la fin du XVIIIe siècle le baron de Tott, l'homme qui a le mieux connu cette vieille Turquie, — le gouvernement turc peut se considérer, dans tous les temps, comme une armée campée, dont le chef ordonne, du centre de son quartier-général, de fourrager les environs. »

En Asie Mineure, il faut se représenter le royaume turc comme un terrain de manœuvres pour la cavalerie turque. Partout où elle a pu atteindre, tout a été turquifié. Comment ? Nous ne le savons pas. Les indigènes, les chrétiens d'Asie Mineure, ont là-dessus des légendes terribles. Ils racontent que les Turcs tuèrent tous les hommes, coupèrent la langue de toutes les femmes, circoncirent de force tous les enfants... Ce sont des opérations difficiles auxquelles la force même d'un Turc ne peut pas longtemps suffire.

Il y a cependant une chose certaine : c'est que l'on reste confondu de cette conquête. Il fut un temps heureux où, l'École d'Athènes m'ayant chargé de recueillir les textes lyciens, j'eus le bonheur de vivre en intimité avec les Turcs d'Asie Mineure, pendant près de deux ans, d'être reçu dans la maison de l'hôte, n'ayant à m'occuper de rien : le paysan apportant ce qu'il avait à boire : du lait, ce qu'il avait à manger : du blé bouilli. Et l'on trouvait en pleine forêt lycienne, on en trouve encore en pleine forêt pamphylienne, des villes intactes. On s'arrête un soir dans un village turc, on leur demande : « Connaissez-vous des pierres à lettres ? » « Si j'en connais? dit le Turc, tu n'as qu'à venir », et il vous mène. Un jour, deux jours de route, et l'on trouve en place trois, quatre, cinq, dix, douze édifices romains avec leurs inscriptions.

Il est visible que ces villes ont été supprimées d'un coup, que la population a disparu et que les Turcs en ont pris la place. Les populations qui disparaissent ainsi ne le font pas généralement par leur volonté ; c'est par la conquête violente, et je crois que dans la légende des chrétiens d'Asie Mineure, il y a tout de même une part de vérité ; la conquête turque supprima beaucoup et remplaça peu. Elle ne pénétra que dans les plaines ; au sommet des montagnes, elle ne pénétra pas, elle ne resta pas ; de sorte qu'au point de vue ethnographique, tout le centre est occupé par des Turcs, et les massifs montagneux restent pleins de vie intérieure.

On avait repoussé les indigènes dans les montagnes. Certains d'entre eux firent alliance avec les Turcs, sous le couvert de la religion, et devinrent musulmans. On a ainsi dans l'est de l'Asie Mineure les populations Kurdes, les populations Lasses ; dans le sud de l'Asie Mineure, certaines populations lyciennes passèrent de même à l'Islam et de ce fait le royaume turc se compose déjà de deux grands groupes : un groupe de Turcs authentiques et un groupe d'indigènes.

La majeure partie des indigènes conserva sans doute, avec la langue des ancêtres, la religion des ancêtres; en face du Kurde musulman, l'Arménien chrétien ; en face de l'Anatoliote musulman, le Grec chrétien.

Pendant des siècles entre la masse turque du centre et la ceinture du pourtour indigène, il y eut un déséquilibre parfait. Les Turcs du centre n'avaient pas une densité de population très forte, mais la montagne était tellement dépeuplée que le Turc était le seul maître et que la montagne était dans l'esclavage. D'ailleurs, le système de la conquête pour l'exploitation aurait encore amené le même résultat.

Dans son immense pâturage de l'empire byzantin, le Turc a taillé de grands et de petits enclos, *timars* et *ziamets*, et les a distribués à ses cavaliers, *sipahis*. Chaque *sipahi* a reçu en sorte de bénéfice une portion du territoire, les terres et le troupeau (*raïa*) des bêtes et des gens, qui sont taillables et corvéables selon le pouvoir et la fantaisie du seigneur. Cette féodalité, viagère ou héréditaire suivant les époques et les provinces, suivant l'énergie et la faiblesse, l'éloignement et la proximité du pouvoir central, nourrit les escadrons de la horde qui, réunie au premier signe du Maître, doit accourir équipée, approvisionnée, prête à toute campagne. En temps de guerre, servir ; en temps de paix, se préparer, s'entretenir ou se refaire, manger pour les jours où l'on a pâti, pour ceux où l'on pâtira encore : la « mangerie » est la première conséquence de ce régime.

Sous la tente centrale, un *defterdar* tient le registre des bénéfices, avec leurs revenus approximatifs et les charges militaires et fiscales qui y sont attachées : dans les provinces, des *beys* et des *beys de beys* (*beylerbeys*), successeurs des comtes, ducs et stratèges byzantins, représentent le pouvoir central. Ce sont moins des fonctionnaires que des sous-fermiers du souverain, comme le souverain est le fermier de Dieu. Ils administrent suivant leur bon plaisir, sans recevoir d'ordres d'en haut pour les affaires courantes. Cette féodalité était comme une pompe aspirante qui, par l'attrait du bénéfice, par la protection, par l'amitié, par la tyrannie, forçait autour d'elle toutes les populations indigènes à faire alliance avec le maître turc, toujours sous le couvert de la religion. Les choses durèrent ainsi jusqu'au commencement du XIXe siècle. Si vous lisez les voyageurs du XVIIIe siècle, l'Anatolie vous apparaît comme un royaume proprement turc, dans lequel 90 p. 100 de la population est musulmane ou authentiquement turque et dans lequel 10 centièmes à peine se réclament de la religion chrétienne.

A partir du XIXe siècle tout change, par l'influence de l'Europe d'une part, et par la faute de Stamboul, de l'autre. L'influence de l'Europe, en effet, force le Turc à un peu plus d'équité du côté des chrétiens. En outre, l'Europe se mêle de faire du commerce en Anatolie et, pour cela, elle va employer deux grands véhicules humains : le véhicule grec dans l'Asie Mineure occidentale, le véhicule arménien dans l'Asie Mineure orientale. Ces deux véhicules arrivent à débarquer, l'un à Smyrne, l'autre à Brousse et dans tous les ports de la mer Noire. Par le commerce européen, les Chrétiens, qui n'avaient jusque-là aucun moyen de vivre, conquièrent la richesse ; conquérant la richesse, ils la placent en terres et, du côté de l'Arménien, comme du côté du Grec, nous voyons le même phénomène. Prenez l'exemple de l'Hellénisme ; il est le plus typique.

Au commencement du XIXe siècle, vers 1820, les Grecs se trouvent très à l'étroit dans les îles de l'Archipel. Au temps où régnait la piraterie, où les gens de Marseille avaient pris comme grande industrie la course dans les îles de l'Archipel, ces îles étaient devenues une sorte de seconde patrie pour nos marins ; les gens de Marseille avaient un ménage à Marseille et un ménage à Io, à Naxos, à Santorin. Toutes les fois qu'ils avaient pillé un Turc ou un Arabe, c'était dans les îles qu'ils venaient vendre leurs prises et faire la fête. Les îles fournissaient, d'ailleurs, à Marseille, le blé qu'elle reçoit aujourd'hui d'un peu partout. Ces îles de l'Archipel étaient donc surpeuplées.

Le jour où la Révolution française, puis les guerres de l'Empire et les nouvelles conditions du commerce mondial changent la situation, toutes ces îles souffrent d'un trop-plein de population ; leurs habitants sont obligés d'émigrer, et l'on voit renaître ce mouvement que l'antiquité connut et que l'on a voulu nous expliquer de vingt façons différentes sous le nom d'émigrations des Ioniens. En vérité, ces insulaires mourant de faim chez eux cherchent à vivre quelque part. Ce n'est pas en Grèce qu'ils peuvent en trouver le moyen : ils s'en vont sur les rivages d'Asie Mineure. On voit alors débarquer à Smyrne un capital humain qu'il faut employer.

Autre phénomène : tout le long de la côte turque, des grandes îles habitées par les Grecs, mais restées sous la domination des Turcs, émigrent des industriels, des commerçants, des capitalistes, qui vont s'établir dans tous les grands ports de la Méditerranée ; depuis Odessa jusqu'à Marseille, et depuis Gènes jusqu'à Alexandrie, ils font un peu la loi. Ces gens gagnent des fortunes colossales pour des Grecs : ils arrivent à posséder jusqu'à 50.000 francs en or. Il s'agit de placer cet argent. Le Grec n'a pas grande confiance dans les nations européennes ; il voudrait devenir propriétaire chez lui : il expulse le musulman de l'île, passe le détroit, rachète le terrain sur la côte en face, puis il monte à l'intérieur, va plus loin, ou débarque à Smyrne avec ses capitaux, et c'est ainsi qu'un beau jour, à Smyrne, à partir de 1850, on a le double courant d'un capital humain débarquant des îles grecques et d'un capital argent débarquant des pays turcs, tous deux au compte de l'Hellénisme.

Ce double capital s'emploie sur place, puis gagne de proche en proche, monte vers l'intérieur. Les Européens interviennent pour construire des lignes de chemin de fer ; ils montent en quelque sorte sur billes cet hellénisme voyageur, et on le voit progresser, non plus par kilomètres, mais par lieues et par dizaines de lieues, depuis la fin du XVIIIe siècle jusqu'au commencement du XXe.

La réforme turque favorisait sans le vouloir, mais

favorisait de tout son pouvoir, cet état de choses.

L'ancien régime féodal avait toutes sortes de défauts : il pesait trés violemment sur les individus par les caprices du Maître. Financièrement, il ne pouvait pas être très lourd pour la bonne raison qu'il percevait les redevances en nature et que les redevances en nature ont une limite. Quand le grand propriétaire, le Bey, ou le petit propriétaire, l'Aga, avait rempli son grenier, il lui était impossible de manger plus qu'à sa faim. D'ailleurs, ce grand propriétaire était propriétaire héréditaire ; il n'avait donc aucun intérêt, une fois qu'il avait tondu son troupeau, à l'écorcher ; surtout, il n'avait aucun intérêt à l'égorger. Le régime féodal n'était pas la perfection, mais n'était pas non plus l'abomination.

Le jour où l'on eut la prétention de transformer ce régime féodal en un régime administratif à l'européenne, tout changea. Il fallut envoyer de Constantinople des fonctionnaires ; ces fonctionnaires, il aurait fallu les payer. Malheureusement, on n'y pensait pas toujours, et lorsqu'on y pensait on n'y réussissait pas toujours : peu à peu, dans l'Asie Mineure, s'installait le régime de la Réforme tel que nous l'avons connu il y a encore vingt ans et plus récemment même.

Cet ancien régime, dont je ne puis plus dire de mal puisqu'il est mort et qu'il faut laisser la paix aux défunts, cet ancien régime, en somme, avait été défini dès le milieu du XVIIIe siècle : c'était le régime de la mangerie. Le fonctionnaire de Constantinople n'étant pas payé, était bien obligé de manger sur place et la mangerie ruinait les musulmans; les chrétiens trouvaient toujours un consul européen pour les défendre, les chrétiens étant d'ordinaire gens de commerce, intermédiaires nécessaires au fonctionnaire turc pour percevoir des pots de vin, pour placer ses économies; le plus souvent, le chrétien devenait l'ami, parfois même le compagnon et l'associé du fonctionnaire et, dans ces conditions, le malheureux paysan turc supportait tout le poids du fardeau.

Oh! il y avait de bons fonctionnaires. J'en ai connu un, en Anatolie, au temps où je voyageais pour mes inscriptions. Il y avait un gendarme nègre qui, tout le long de la route me répétait : « Tu verras Abeddin-Pacha, voilà le bon pacha. Il est si bon qu'on l'avait envoyé à Paris pour être ambassadeur; le jour où il quitta Paris, tous les petits enfants pleuraient dans les rues en répétant : Voilà le bon pacha qui part ». Messieurs, il y a toujours eu de bons pachas en Turquie; nous savons par expérience, — nous nous en félicitons — que la Jeune Turquie, qui a changé bien des choses, a eu la galanterie de garder certaines coutumes d'autrefois et de nous donner pour la représenter chez nous, le meilleur pacha qu'elle ait pu trouver. (*Applaudissements.*)

Mais, pendant que les pachas sont en Europe, ils ne sont pas en Turquie. Il se trouvait donc que quand le bon pacha n'était pas là, d'autres prenaient sa place; il se trouvait même que quand le bon pacha était là, il était quelquefois fort gêné pour enrayer le mouvement que je vous décrivais tout à l'heure.

C'était un mouvement tout légal, un mouvement contraire à l'équité, il est vrai ; mais ce n'était pas un mouvement contraire à la justice. Les chrétiens faisaient des affaires ; les Turcs en étaient victimes et l'on a toujours dit que « l'âme des affaires, c'était l'argent des autres ». L'argent, ici, c'est-à-dire la propriété du Turc, passait entre les mains des chrétiens.

De 1830 à 1900, ce mouvement a eu pour résultat de vider peu à peu le réservoir turc. Ce réservoir d'ailleurs a dû fournir à toutes sortes de folies : songez que depuis soixante-dix ans, c'est le Turc d'Asie Mineure qui a dû fournir l'armée. Théoriquement, l'armée turque était recrutée parmi tous les musulmans ; mais les Arabes ne donnaient que le minimum, et les autres ne donnaient rien. Pratiquement, toutes les fois qu'on avait à subvenir à une expédition, toutes les fois qu'on avait à former une garnison, c'était toujours au Turc de l'Asie Mineure qu'on avait recours. C'était lui qu'on venait recruter, et que l'on prenait pour sept ans, et que l'on gardait quatorze, vingt, trente ans sous les drapeaux.

Quand le malheureux rentrait au bout de vingt ans, n'ayant pas fondé un foyer, ses propriétés avaient été confisquées ; on les avait vendues parce qu'il ne s'était pas acquitté de la dime. D'où l'émigration continue du Turc à l'intérieur, allant chercher ce qu'il pouvait trouver vers le désert. Si nous pouvions tracer la carte des propriétés turques en Asie Mineure vers 1850 et mettre en regard la carte de 1908, nous apercevrions d'une façon continue que la poussée grecque, partie de l'Archipel, a pour résultat de refouler les Turcs de plus en plus vers l'intérieur, vers le désert, et encore, dans ce désert, le malheureux Turc est tombé sur un autre ennemi.

Ce qui se passait pour le Grec du côté occidental, s'est passé pour l'Arménien du côté oriental. Les Arméniens, étant devenus les grands commissionnaires de l'Angleterre pour les cotonnades, ont pris l'habitude de sillonner de leurs caravanes les routes du Nord : depuis Brousse jusqu'à Téhéran, depuis le Taurus jusqu'à l'Archipel, à toutes les étapes les Arméniens s'installèrent d'une façon tout à fait légale, mais tout à fait préjudiciable pour le Turc.

Les Arméniens gagnèrent la richesse, gagnèrent la propriété, et le Turc est incapable de vivre ailleurs que sur sa propriété propre ; il lui faut la liberté, la place, quelque fantaisie dans son budget ; il est un mois où il veut être généreux. Pendant le mois du Ramadan, il s'en va au bazar avec ses femmes et ses enfants. Tout ce que les enfants désirent, le papa l'achète : quand on a tout acheté, il faut trouver de l'argent : le chrétien en prête. Comme le taux légal, ou du moins le taux... honorable, est de 1 p. 100 par mois, que le taux ordinaire est de 1 p. 100 par semaine, on arrive très rapidement à ce résultat que par la bonté du papa, la famille tout entière est ruinée. (*Sourires.*) Le résultat le plus net, à mon sens, de l'ancien régime était de vider peu à peu tout le royaume turc de la population proprement turque, de faire le jeu de cette infiltration grecque d'une part, arménienne de l'autre, et si les choses avaient duré encore vingt ou trente ans, je crois bien qu'il ne serait pas resté de Turc en Asie Mineure.

On avait bien trouvé un petit remède à cette situation; il avait déjà été employé contre les Grecs en 1820, il fut employé contre les Arméniens en 1895-96 : le massacre. Mais ce remède ne portait pas longtemps. Au fond, c'était même un remède nuisible que les Turcs d'Asie Mineure n'avaient jamais désiré, que les Turcs n'ont jamais pratiqué : pour exécuter les massacres, on n'a pas trouvé, en Asie Mineure, un indigène proprement turc. Il a fallu recruter des gens dont c'était le métier, les armer, les styler, les discipliner et les faire travailler à la tâche. On a eu des chantiers de massacre, parce qu'on n'avait pas une population de massacreurs.

Les indigènes, d'ailleurs, avaient tout à y perdre par la bonne raison que n'ayant plus l'élément essentiel de l'industrie et du commerce, l'agriculteur turc ne pouvait plus exporter ses marchandises, importer ses produits manufacturés et que sans doute les massacres tuaient beaucoup d'Arméniens et beaucoup de Grecs, mais qu'ils faisaient mourir de faim ou de misère autant de Turcs et de musulmans.

Comprenez-vous alors pourquoi c'est dans ce royaume turc que les premiers désirs de révolution ont été le plus vifs? Nous voyons, nous, les résultats en bloc et nous nous figurons volontiers que la première révolution turque a été un mouvement superficiel, militaire, organisé par quelques individus. Si vous étudiez les dépêches des dernières années, vous apercevrez que depuis cinq ans toute l'Asie Mineure désirait un autre régime. Elle voulait un système dans lequel tout le monde pût vivre, non de liberté politique, mais de légalité. Toute l'Asie Mineure réclamait un régime légal dans lequel le fonctionnaire turc fût l'arbitre entre le musulman qui est un agriculteur, et le chrétien qui, d'ordinaire, est un industriel et un commerçant, ou si vous voulez reprendre de grands mots et qui sont peut-être inexacts là-bas, entre le prolétaire et le bourgeois musulmans d'une part et le capitaliste chrétien, de l'autre.

Voilà le problème tel que le voyaient les gens d'Asie Mineure : il n'a pas changé. Le nouveau régime se présente à ces gens-là avec toutes les chances possibles de réussir : jamais ils ne pourront être plus malheureux qu'autrefois, il leur faudra très peu de chose pour être satisfaits.

Pour en revenir à notre grand vizir, quand il parlait d'un royaume turc obéissant qui donnerait une excellente majorité à la Chambre, il n'est pas douteux que si le gouvernement turc veut seulement donner un peu de finances organisées, un peu d'ordre, surtout un peu de sécurité et un peu de justice, le royaume turc sera le plus patient, le plus obéissant et le plus fidèle des États. (*Applaudissements.*)

* * *

En face de ce royaume turc, de l'autre côté du Taurus, nous entrons dans une autre région. A cet autre côté du Taurus la Turquie d'Asie se compose essentiellement d'une grande plaine tropicale : un grand delta et une vallée fluviale tout à fait comparable à celles de l'Indus et du Gange : la vallée du Tigre et de l'Euphrate. Mais, la particularité de ce nouveau royaume, c'est qu'à côté de ce delta et de cette plaine asiatiques, l'Empire ottoman comprend un gigantesque morceau d'Afrique, un plateau désertique comparable à la Tripolitaine ou mieux encore à nos Hauts-Plateaux algériens. Le grand problème de cette Turquie c'est précisément la juxtaposition physique, économique et politique de ces deux morceaux de terre et d'humanité.

Dans le delta, lorsque la paix règne, paix civile et paix étrangère, on peut obtenir des cultures admirables, des populations d'une densité que vous connaissez par l'histoire et par la légende. Le long de l'Euphrate, Babylone ; le long du Tigre, Ctésiphon, Bagdad, Bassorah, des capitales que les nôtres égalent à peine : ce bassin de fleuves, à l'heure actuelle, ne nourrit pas 3.000.000 d'habitants ; il pourrait en avoir 40 ou 50 millions ; il a été à trois ou quatre reprises, le centre de civilisations mondiales que les nôtres n'éclipsent pas. Représentez-vous que Babylone, l'antique gloire de l'humanité, fut quelque chose encore de plus grand que Thèbes et Memphis ; de cette Babylone, nous sont venues toutes nos sciences. Représentez-vous que vos lois, vos lois chrétiennes, judaïques et autres, ont eu leur première forme juridique en des textes babyloniens, cunéiformes. Représentez-vous que dans votre français d'aujourd'hui, si vous vouliez faire l'analyse scrupuleuse de quatre de vos phrases, vous trouveriez au moins une pensée babylonienne et peut-être deux. Réfléchissez alors à ce qu'a dû être la grandeur et la puissance de ce peuple pour que, disparu depuis trois mille ans, il laisse encore à travers toute l'humanité blanche sa trace indélébile.

Au nord de cette Babylone scientifique, pacifique et religieuse, Ninive fut la grande ville militaire, dont les rois avaient un certain nombre d'habitudes fâcheuses; la première était de prendre les villes, d'écorcher les habitants et de revêtir les murailles avec des peaux humaines. C'est ce qu'ils nous montrent dans leurs tableaux, et ce dont ils se vantent dans leurs inscriptions. Mais si ces bourreaux n'avaient pas existé, jamais, peut-être, la grande civilisation babylonienne ne serait venue au contact de notre Occident; si ces Assyriens n'avaient pas fait des expéditions jusqu'à la Caspienne, d'un côté, jusqu'à l'Archipel, de l'autre, l'humanité blanche n'aurait pas connu cette synthèse de pensées que je vous présentais tout à l'heure. Et voyez en face de Ninive et de Babylone ce qu'a été la grande Ctésyphon des Grecs, voyez comment il y eut une époque de l'humanité où cette ville était dans le monde ce que Paris peut être aujourd'hui dans le monde contemporain. Mieux encore, sautez cinq siècles; descendez à la Bagdad et à la Bassorah des *Mille et une nuits*, voyez ce qu'il reste de la grandeur et de la poésie de cette époque dans vos souvenirs et comprenez alors le rôle que devrait avoir ce delta si la paix extérieure et la paix civile y régnaient.

Le malheur est que ce delta est flanqué de ce terrible morceau d'Afrique que nous appelons l'Arabie : au long de la mer Rouge une bande de montagnes dans laquelle quelques populations fixées comptent quelques centaines de milliers d'agriculteurs ; un gigantesque plateau, où surtout des populations nomades parcourent des déserts tout à fait incultivables. Quelques oasis leurs offrent leurs paradis, mais ces paradis sont très restreints et comme l'humanité a pour première conséquence de pulluler, une oasis qui a nourri 50 têtes ne peut en nourrir 2.000 au bout d'un siècle, 3.000 au bout de deux siècles. Les habitants sont obligés d'émigrer et de chercher des pâturages un peu partout. Ce que nous appelons le désert, les nomades l'appellent tout de même le pâturage. Ils s'en vont devant eux, ils arrivent à la limite du Delta, et quand ces gens des sables sans eau, des sables sans verdure, trouvent les grands fleuves et les grandes verdures, vous comprenez la légende qui s'est formée chez tous les gens de l'intérieur. Vous-mêmes vous parlez encore de la Terre Promise parce que vous parlez comme des gens qui ont vécu dans le désert de Sinaï et qui, un beau jour, sont tombés dans la terre verte.

Pour les Arabes, il existe tout autour de chez eux des terres promises, dont on parle pendant des années, que l'on cherche pendant des siècles jusqu'au jour, où, les oasis étant trop surpeuplées, on peut tenter une émigration. On guette alors le moment où la Terre Promise sera mal défendue; on y envoie des espions ; ils en reviennent avec d'énormes grappes, plus souvent avec d'énormes moutons, et plus souvent encore avec de superbes étoffes ; ils racontent que la Terre Promise est mal gardée et l'expédition s'organise. Un beau jour, le cyclone arabe s'abat et toute la Terre Promise est ravagée.

C'est ce qui s'est passé depuis l'histoire la plus lointaine jusqu'à nous. Par notre histoire moderne, nous connaissons le cyclone arabe de l'Islam, mais ce cyclone s'est répété 10, 20, 30, 40 fois dans l'histoire antérieure. Les documents cunéiformes nous montrent 3.000 ans avant Jésus-Christ des royaumes arabes installés comme les royaumes actuels. Ces royaumes subsistent pendant quelque temps, aussi longtemps que l'Arabe garde sa vertu militaire. Mais cette invasion de nomades a eu pour résultat de comprimer tout autour, jusqu'à la ceinture de montagnes qui entourent le désert, les indigènes qui, aux pentes, au sommet de leurs montagnes, attendent le moment où l'Arabe pourra un peu flancher et aussitôt que la force arabe diminue, le montagnard redescend sur le nomade. La mêlée dure deux cents, trois cents, quatre cents ans. L'Arabe est rejeté, l'agriculteur s'empare de nouveau de la Terre Promise, la cultive, la remet en état, relève les grandes villes et les fait prospérer, jusqu'au jour où l'Arabe recommence; d'où ce quadrille perpétuel dont le résultat est que, d'une façon perpétuelle, de grandes civilisations à éclipses, supprimées durant des siècles par l'Arabe, brillent aussitôt que l'Arabe disparaît, puis retombent sous le coup de l'invasion arabe, et les choses sont ainsi depuis qu'il existe un monde et une Arabie. (*Applaudissements.*)

Aujourd'hui, Messieurs, nous en sommes à la période arabe ; les Arabes sortis de chez eux se sont répandus non seulement dans tout le désert, mais ils ont entamé toute la Terre Promise du pourtour et si loin qu'ils pouvaient aller. Des limites tout de même leur étaient fixées à droite et à gauche par la ceinture montagneuse. Poussant du côté de l'Est par-dessus l'Euphrate et le Tigre jusqu'aux montagnes de l'Iran, ils ont fait une terre arabe de tout ce qui avait été la Chaldée et l'Assyrie. De ce côté, ils n'ont laissé d'indigènes que ceux qui s'étaient enfuis aux montagnes du pourtour : un groupe d'indigènes pourtant a subsisté dans un bloc montagneux entre Euphrate et Tigre moyens ; c'est cette population des Yézidis, restée comme un îlot tout à fait séparé au milieu de l'inondation arabe parce qu'elle occupait sur la rive droite du Tigre une montagne tout à fait inabordable. Mais tout le reste du pays est devenu arabe ; les indigènes se sont enfuis jusqu'aux sommets des monts : indigènes convertis à l'Islam, indigènes restés chrétiens sous le nom de Jacobi, indigènes ayant pris d'une part la religion chrétienne, d'autre part la religion musulmane, ayant brassé tout cela dans le sac de leurs légendes et de leur magie et en ayant tiré cette religion des Yézidis que personne encore n'a jamais analysée de très près.

Vers l'est donc, l'inondation arabe va jusqu'au pied des monts et c'est l'Arabe qui règne en maître :

les villes sont entièrement arabes ; la campagne est plus arabe encore.

Si nous voulons donner, en effet, une définition de ce mot *arabe*, n'oublions pas que, dans notre langue à nous, ce n'est plus ainsi que nous appelons ce peuple nomade. Le mot *Arabe* est vieux ; il a été suivi dans l'histoire du mot *Sarrasin,* auquel a succédé *Bédouin,* mais, *Arabe*, *Sarrasin, Bédouin*, veulent dire la même chose. Dans la vieille langue, le désert se disait *ARABA* ; il s'est appelé ensuite *SAHARA* ; aujourd'hui il s'appelle *BADIEH* ; l'homme du désert s'est appelé tour à tour l'*Arabe*, le *Sarrasin,* le *Bédouin*, noms successifs donnés à des vagues successives d'un océan qui reste toujours le même.

Néanmoins, ces nomades installés dans la Terre Promise ne restent pas toujours à l'état nomade ; ne vivant plus dans le désert, ils ne restent pas des Arabes purs, ou des Bédouins, ils se métissent, se fixent, deviennent navigateurs sur les fleuves, cultivateurs ou commerçants dans les bourgs et les villes. Ce mélange de populations fait qu'entre le désert du Bédouin propre et la montagne de l'indigène non soumis, on a le long des fleuves, une population mélangée dans laquelle la langue arabe domine, mais de laquelle les mœurs arabes ont disparu et dans laquelle le sang s'est métissé.

Vers le nord, le phénomène tout pareil a été un peu moins intense parce que les Arabes ont trouvé devant eux deux indigènes plus robustes, l'un par sa force guerrière, le Kurde, l'autre par sa valeur intellectuelle, l'Arménien; au lieu d'aller jusqu'au pied des monts, l'Arabe est resté à mi-chemin. De ce côté aussi, le désert est monté derrière l'Arabe, recouvrant des villes antiques que nous ne connaissons plus que de nom, supprimant toutes les cultures sur les deux rives de l'Euphrate; aujourd'hui, pour connaître la vie arabe, il n'est pas nécessaire, de descendre comme au temps des Romains jusqu'aux oasis centrales, il suffit de partir de la Méditerranée, d'aller jusqu'à la première ville, Alep; au delà d'Alep, à droite, vous tombez en pleine Arabie nomade.

Du côté de l'ouest, l'autre Terre Promise, composée de la montagne du Liban et du plateau de Palestine est restée un peu en dehors de l'invasion arabe; mais ils ont pénétré jusqu'à notre Méditerranée par toutes les passes que la montagne leur offrait; du côté sud, entre le canal de Suez et les plages de Jaffa, l'Arabie vient jusqu'à la mer; au centre, par la trouée de Kaïffa les Arabes viennent encore jusqu'à Saint-Jean-d'Acre. Ailleurs, les conditions géographiques et orographiques rendaient si facile la résistance des indigènes, et l'appui que les peuples de la mer pouvaient leur donner, que les Arabes sont restés à la limite de cette Terre Promise; que de ce côté encore, ils sont toujours au pied des monts.

Les choses étaient ainsi au commencement du XIXe siècle et ont duré jusqu'au commencement du XXe où, par la complaisance du Turc, la descente des montagnards a commencé.

Par la complaisance du Turc, en effet, l'Arabe fut

attaqué au nord et à l'est par les Kurdes, à l'ouest du Liban par le Druse et par d'autres populations musulmanes, surtout par une population émigrée du Caucase que nous appelons Circassiens et que les Turcs appellent Tcherkesses. Ces Tcherkesses, émigrés du Caucase après l'annexion russe, se réfugièrent d'abord à Constantinople, pour descendre ensuite en Syrie et être employés par le gouvernement turc comme colons, pour servir avec les Kurdes, avec les Druses de tampon contre l'invasion arabe. Ainsi progresse la descente très lente des montagnards contre les nomades.

Ce mouvement a commencé il y a vingt ans. Il est intense ; à l'heure actuelle, pour bien se représenter ce royaume arabe, il faut avoir devant les yeux la grande étendue vide, *BADIEH,* ceinturée d'ennemis ardents. Résultat : l'anarchie la plus parfaite, la guerre civile règnent partout ; l'Arabe, maître à l'intérieur, est combattu sur toutes ses frontières ; le gouvernement turc sert d'arbitre ou d'associé tantôt en faveur de l'Arabe contre le Kurde ou le Druse, tantôt en faveur du Kurde ou du Druse contre l'Arabe. Pour maintenir un semblant de légalité dans cette fournaise, l'ancien régime turc n'avait inventé que deux choses : la grande route du Khalife et la grande route du sultan.

La grande route du khalife, c'était le chemin par où les musulmans s'en allaient vers les lieux saints. Les Turcs, ayant pris Contantinople et ayant conquis tout le royaume d'Europe à la fin du xve siècle, s'étaient rejetés vers le commencement du xvie sur l'Arabie ; Selim, en 1517, avait reçu le titre de khalife, de successeur du prophète. Le Turc était devenu le chef de l'Arabie musulmane. Le khalife a pour première attribution de protéger les musulmans qui vont aux Villes Saintes, les pèlerins *hadjis*. Chaque année on voyait partir de Stamboul la grande caravane qui s'en allait à travers l'Asie, la Syrie, le désert jusqu'à Médine et la Mecque. Le long de cette route on avait trois grandes étapes : Les guides des pèlerins — car il existait des guides pour les pèlerins comme il existe aujourd'hui des guides Joanne pour les touristes — nous racontent comment à travers l'Asie, les Turcs nourrissent les pèlerins. Dans le pays arabe, tout va bien jusqu'à Damas. A partir de Damas, on entre dans l'Arabie révoltée et depuis Damas jusqu'à Médine, on s'en va un peu au petit bonheur.

Quand le sultan autrefois avait du zèle et de la force, il avait le long de cette route une série de forteresses « Koulas » — et dans chacune de ces forteresses un poste turc, si bien que depuis Stamboul jusqu'à la Mecque, quand le sultan avait de l'énergie, la souveraineté turque s'affirmait par cette route *du Hadj*, cette route du khalife. Seulement il se trouvait un sultan sur cinq et il se trouvait dans le règne d'un sultan une année sur dix où l'on entretenait les forteresses et où l'on gardait la route, si bien que cette route khalifale subsistait surtout par le prestige religieux du khalife, beaucoup moins par la force réelle de la Porte.

Ce qui subsistera peut-être de l'œuvre d'Abdul-

Hamid, c'est d'avoir transformé cette route en un chemin de fer. Ce rail sacré, dont on a beaucoup souri au début, a tout de même été posé. A l'heure actuelle, on ne peut pas encore aller de Stamboul à la Mecque, parce que la partie du chemin de fer centrale n'est pas faite; mais depuis Damas jusqu'à la Mecque, le chemin de fer existera bientôt. Ce chemin de fer khalifal aura la même importance que la ligne de forteresses d'autrefois, à la même condition, c'est que ce chemin de fer soit administré, qu'il soit entretenu.

Il était très difficile de fournir autrefois les garnisons des *koulas*, je ne sais pas s'il sera plus facile de fournir l'administration des gares. Mais l'outil existe et de ce côté-là on peut reconnaître que les Turcs ont fait un effort énorme pour maintenir l'unité religieuse le long de la route khalifale.

Le Turc autrefois avait une autre route : la route du sultan, grande route militaire qui contournait l'autre flanc du désert et que suivaient les troupes turques pour s'en aller de l'intérieur jusqu'à Bagdad, jusqu'au golfe Persique : Stamboul, Angora, Diarbekir, Mossoul, Bagdad, Basra. Sur cette route les troupes circulaient. Circulation fantaisiste. Pendant très longtemps, Stamboul avait eu une armée toujours prête qui s'appelait les janissaires; aussi longtemps que les janissaires étaient payés, les expéditions avaient lieu. Mais les janissaires n'étaient pas souvent payés, moins souvent disciplinés, si bien que l'histoire de la Turquie d'Asie fut en somme la tentative du sultan de s'installer à Basra, l'expulsion du sultan, la rentrée du sultan, le nouvel échec et ainsi de suite.

Cette route du sultan n'a jamais été complètement ouverte. Aussi, de ce côté, plus encore que du côté de l'Asie Mineure — est-ce par la faute des circonstances, est-ce par système du gouvernement ? — cette route a servi beaucoup moins aux expéditions qu'aux massacres.

Cette route du sultan est aussi nécessaire à l'intégrité ottomane que la route khalifale. C'est cette route qu'on appelle en français le chemin de fer de Bagdad. On peut considérer ce chemin de fer de bien des façons. Nous devons le considérer au point de vue de notre intérêt national et, parmi tous nos intérêts nationaux en Méditerranée, je n'en connais pas de plus grand que le maintien de l'intégralité ottomane. Ce n'est pas par un hasard que nos diplomates ont toujours cru qu'il y avait un empire turc dont nous étions solidaires et qu'il fallait que cet empire restât un grand empire pour que nous fussions, nous, une libre puissance méditerranéenne.

Les choses n'ont pas changé : c'est pourquoi, envers et contre tous, j'ai toujours pensé que le Bagdad était pour nous d'un intérêt national. Il y a intérêt et intérêt; certains se figurent que l'intérêt national, c'est l'intérêt de quelques nationaux et que, si quelques nationaux sont satisfaits, la nation entière doit être contente. (*Applaudissements.*) J'entends autrement l'intérêt national.

A cette grande entreprise du Bagdad, il aurait fallu trouver une solution et elle ne s'est pas trouvée.

Elle était d'autant plus difficile que vraiment le jour où l'on voulut faire le Bagdad, le jour où les financiers dressèrent leurs plans ils n'oublièrent qu'une chose : l'intérêt du Turc. On s'était mis d'accord avec le maximum de bénéfices : on oublia que ce maximum devait aller à quelqu'un d'autre qu'aux constructeurs. Ce n'est donc pas parce que le Bagdad est allemand qu'il faut le critiquer, c'est parce qu'il est malhonnête : il se compose, en effet, d'une concession dans laquelle on promet d'abord 14.500 francs, de garantie kilométrique, puis une autre garantie pour le matériel, une autre pour les trains rapides, si bien que, la majorité des lignes turques touchant 13 ou 14.000 francs, le Bagdad toucherait environ 20.000 frs. Et ce n'est rien encore, le Bagdad a été organisé de telle sorte que l'on donnerait à peu près, aux constructeurs, la liberté de faire ce qu'ils voudraient dans les propriétés ottomanes. Les constructeurs, avec leurs privilèges, auraient le droit de choisir des propriétés de chaque côté de la voie ; on n'a pas spécifié telle ou telle propriété : ils choisiront, ils n'auront qu'à prendre, et ce qui restera aux Turcs de l'Asie Mineure, sera l'équivalent de rien. Je comprends donc que le premier soin de la Jeune Turquie a été de dire : « Nous ne voulons pas faire le Bagdad dans ces conditions. »

Mais je comprendrais plus difficilement que les Jeunes Turcs et leurs amis ne pensent pas que le Bagdad est nécessaire à l'intégrité de l'empire et c'est notre rôle à nous, Français, de le leur dire, que ce n'est pas pour permettre une bonne affaire à nos financiers, pour mettre de l'argent dans leurs poches que nous désirons le Bagdad ; mais nous voulons un Empire turc, nous voulons que cet empire turc d'Asie Mineure garde sa puissance et son intégralité. Et sur cette volonté fondamentale, vos applaudissements de tout à l'heure me montrent bien que vous avez toujours eu la même pensée que moi.

Du fond du cœur, je voudrais donc que nous fissions ensemble la prière du conteur Arabe. Un forgeron avait des dettes et ne pouvait pas les payer. Chaque matin, son créancier venait les lui réclamer et chaque matin, il était obligé de s'excuser. Fatigué de toujours répondre non, il prit le parti de s'enfuir de sa boutique et de laisser seul son apprenti. Mais le créancier dit à l'apprenti : « Je veux que tu me donnes une datte pour le paiement de la dette. » Le garçon répondit : « Mon maître te paiera certainement, je te promets qu'il te paiera le jour où du blé poussera sur ce fer ». Le créancier s'en alla; quand le patron revint, et connut la réponse, il se mit en fureur : « Comment, tu as pu promettre de payer quand le blé pousserait sur ce fer. Mais, par la volonté du Dieu Tout-Puissant, le blé peut pousser tout de suite : Tu aurais dû répondre : Mon maître te paiera sûrement demain, s'il plaît à Dieu — *inch Allah* —. »

Messieurs, ce n'est pas après-demain, c'est demain, s'il plaît à Dieu, que nous devrions mettre tous nos soins à chercher tous les moyens de fortifier l'intégralité turque, d'assurer le salut de l'Empire ottoman, C'est tout de suite que nous devrions nous réunir pour former le souhait que les hommes d'Etat et d'ailleurs trouvent le moyen de concilier tous les intérêts turcs et tous les intérêts européens, mais surtout tous les intérêts de l'humanité, dans la construction de ce chemin, dont j'attends, quant à moi, le salut de l'Empire ottoman ; et pour finir cette trop longue conférence par une phrase de l'un de nos ambassadeurs, que M. Vandal citait dans un de ses livres, que M. Pinon a pris comme épigraphe de son dernier volume : « Il n'y a pas de plus grand bien à faire au Levant que d'apprendre aux peuples à s'aimer, ou du moins, à se ménager les uns les autres au lieu de se ruiner et de se détruire réciproquement. » (*Vifs applaudissements.*)

Messieurs [1],

Je suis assuré d'être l'interprète de vos sentiments unanimes en remerciant et en félicitant M. Victor Bérard du tableau si varié, si vivant, si pittoresque qu'il vient de tracer devant nous.

Il a parlé en savant, en voyageur, en poète. Il a parlé aussi en politique. Vous avez souligné de vos applaudissements les éloquentes paroles qu'il a prononcées et l'honneur de la nouvelle Turquie. Oui, le cœur de la France, de toute la France, de l'élite que je vois ici, comme de la démocratie paysanne et ouvrière, est avec la révolution ottomane; nous avons tous été pénétrés de respect et d'admiration pour le calme, la dignité et la sagesse avec lesquels cette révolution s'est accomplie. (*Applaudissements.*)

Tous nos vœux vont au régime nouveau, à ce régime libéral et constitutionnel en même temps que national.

M. Victor Bérard a mis admirablement en lumière la nécessité pour la France de contribuer autant qu'il est en son pouvoir au maintien de l'intégrité de l'Empire ottoman. La sagesse dont le gouvernement nouveau a fait preuve ne méritait certes pas les

1. Allocution prononcée par M. Paul Deschanel, le 22 janvier 1909.

surprises qui l'ont assailli. Nous devons faire tous nos efforts pour éviter en Orient des commotions nouvelles, pour y faire respecter le droit, la volonté des peuples, et pour réaliser cette maxime : L'Empire ottoman aux Ottomans. La péninsule des Balkans aux peuples balkaniques. (*Applaudissements.*)

Sur le chemin de fer de Bagdad, je demande la permission d'ajouter deux mots à ce que vient de dire M. Victor Bérard. Il estime que le succès de cette entreprise est souhaitable, et pour l'intégrité et la force de l'empire, et pour la civilisation générale. Mais, lorsqu'elle s'accomplira, les intérêts de nos alliés, de nos amis, de la France elle-même devront y être respectés. Et, si la France y participait plus largement, sa part — et par conséquent ses droits — devraient être au moins égaux à ceux de la nation la plus favorisée. (*Applaudissements.*)

Le vrai moyen de travailler au progrès de la civilisation générale, c'est de bien défendre d'abord les intérêts et l'avenir de cette France, qui, même à travers ses fautes, à travers ses malheurs, n'a cessé de travailler pour la justice et pour l'humanité. (*Applaudissements prolongés.*)

II

LES COMPÉTITIONS DANS L'ASIE CENTRALE

ET LES RÉACTIONS INDIGÈNES

DISCOURS DU BARON DE COURCEL

AMBASSADEUR DE FRANCE

SÉNATEUR

CONFÉRENCE DU Dr ROUIRE

RÉDACTEUR DE POLITIQUE ÉTRANGÈRE A LA « REVUE DES DEUX MONDES »

Messieurs, [1]

Je n'aurai pas l'indiscrétion de vous présenter M. le Dr Rouire. Son nom et ses travaux sont bien connus de vous, du monde savant et de tous ceux qui prennent intérêt aux questions géographiques ou coloniales.

Ancien médecin-major de nos armées, il s'est trouvé, pendant ses séjours en Algérie, puis, comme attaché aux troupes expéditionnaires de Tunisie, en contact prolongé avec les populations indigènes de l'Afrique, Arabes ou Berbères.

Chargé de diverses missions et d'études scientifiques par le ministère de la Guerre, il est devenu un spécialiste de ce que j'appellerais volontiers « la science coloniale », ce qui ne veut pas dire, dans ma pensée, la notion des meilleurs procédés de colonisation, au sens étroit du mot, mais plutôt la connaissance des rapports matériels ou moraux entre une puissance européenne qui a occupé ou qui veut gouverner des territoires situés hors d'Europe et les habitants primitifs de ces territoires.

Est-il possible de dégager de la connaissance ou de l'investigation de ces rapports un ensemble de lois générales, une politique dont les règles s'imposent

[1] Allocution prononcée par le baron de Courcel, le 24 mars 1909.

aux nations colonisatrices et qui doive toujours inspirer leurs actes?

Je ne pense pas que M. le Dr Rouire prétende nous exposer ce soir un corps de doctrine qui pourrait nous mener aussi loin, quoiqu'il fût mieux préparé que personne, peut-être, à formuler devant nous, à l'aide des éléments qu'il lui a été donné de recueillir pendant le cours de son existence si laborieuse et si active, des conclusions tirées de l'expérience de la plupart des peuples.

Vous connaissez le bel ouvrage de M. le Dr Rouire, *L'Afrique aux Européens*, qui est le résumé, non seulement de ses observations personnelles, mais d'études nombreuses publiées pendant un quart de siècle sur la géographie et l'histoire ancienne et moderne de l'Afrique. Plus récemment, vous avez lu les articles si intéressants que M. le Dr Rouire a fait paraître depuis 1903 dans la *Revue des Deux Mondes*. Il les a réunis et coordonnés dans un petit volume in-12 sous ce titre : *La Rivalité anglo-russe au XIXe siècle en Asie*. La lecture de cet ouvrage est attachante ; il est propre à faire beaucoup réfléchir, et il constitue assurément le meilleur préambule à la conférence de ce jour, qui doit porter, vous le savez, sur les compétitions dans l'Asie centrale et les réactions indigènes.

Vous avez hâte d'entendre le conférencier lui-même. Je m'empresse de lui laisser la parole. (*Applaudissements.*)

Messieurs [1],

Un fait pas assez connu, qu'en tout cas ne font point suffisamment ressortir les livres spéciaux, même les plus récents, écrits sur la matière, est que le promoteur de la rivalité anglo-russe en Asie, celui qui a le premier songé à mettre aux prises Russes et Anglais en Asie centrale, est Napoléon. A la fin du XVIIIe siècle, la Compagnie des Indes était surtout occupée à asseoir et à consolider sa domination dans le Bengale et la presqu'île du Dekkan; les Russes ne dépassaient guère la haute barrière du Caucase et plus au nord l'Oural et l'Irtych; c'est-à-dire que Russes et Anglais étaient séparés par d'énormes étendues, quand Bonaparte, qui avait conquis l'Egypte, se mit à rêver de la conquête de l'Inde. Il voulait tout d'abord utiliser la voie maritime comme route possible d'invasion, et de la côte de Malabar ou de celle de Coromandel diriger une attaque sur l'Inde. La flotte française ayant été détruite à Aboukir, force fut de renoncer à débarquer un corps expéditionnaire sur la côte du Dekkan, et ce fut alors que fut conçu par le génie inventif de Napoléon un projet d'attaque sur l'Inde qui devait mettre aux prises Russes et Anglais.

1. Conférence faite le 24 mars par M. le Dr Rouire.

Par-dessus les sommets de l'Hindou-Kouch, l'Inde est reliée à l'Europe, au nord-ouest, par les steppes du Turkestan. Une armée venant d'Europe peut donc envahir l'Inde dans cette direction en empruntant exclusivement la voie terrestre. Pour réaliser ce projet, Bonaparte s'adressa au tsar, Paul Ier, avec lequel des négociations, longtemps restées secrètes et encore peu connues, furent nouées. Un corps français de 35.000 hommes devait gagner, à travers la Russie, la région des steppes jusqu'à Astérabad, d'où il opérerait sa jonction avec une armée russe de force égale, et se diriger par Hérat et Candahar sur l'Afghanistan méridional et l'embouchure de l'Indus. En même temps, une autre armée russe devait partir d'Orenbourg, et par Khiva, Boukara et l'Afghanistan septentrional, marcher directement sur le haut Indus. Ce grand projet reçut un commencement d'exécution. Avec la fougue et l'impétuosité qui le caractérisaient, le tsar Paul, sans attendre l'arrivée de l'armée française, enjoignit à l'ataman général des Cosaques du Don, Orlof Denissof, d'établir son quartier général à Orenbourg, d'y concentrer toutes les troupes cosaques et d'y attendre l'ordre de jeter ses troupes sur l'Inde. Ce dernier franchit le Volga en mars 1801 et se dirigea vers Orenbourg. Mais l'assassinat du tsar Paul Ier vint interrompre ces préparatifs. Les Cosaques repassèrent le Volga, et il ne fut plus question d'une invasion franco-russe de l'Hindoustan.

Mais le projet d'attaque concerté entre Bonaparte et le tsar Paul Ier avait révélé aux Anglais que le point vulnérable de la péninsule indienne était la frontière nord-ouest et avait tourné leurs préoccupations du côté de la Perse, de l'Afghanistan et du Béloutchistan confinant à cette frontière ; et dès lors, ils cherchèrent à asseoir leur influence en ces divers pays. Après le traité de Tilsit, qui faisait de nouveau de la France l'amie de la Russie, le gouvernement anglais envoya auprès du chah de Perse la mission de sir Gore Ouseley et réussit à acquérir une influence prépondérante à la cour de Téhéran. En Afghanistan fut envoyé en ambassade à la cour de Chah Soudja, Mount Stuart Elphinston. Cette mission eut un résultat politique de premier ordre, car l'agent anglais sut capter la confiance de Chah Soudja et réussit à conclure avec lui, en 1809, le traité de Calcutta, par lequel l'émir s'engageait à s'opposer au passage d'une armée française en échange de l'appui de l'Angleterre pour le maintien de l'intégrité de ses Etats. La mission d'Elphinston fut complétée par celle du capitaine Grant et par celle du lieutenant Pottinger et du capitaine Christie qui explorèrent, au cours des années 1800-1810, le Béloutchistan, prolongement méridional de l'Afghanistan vers l'océan Indien, et nouèrent avec les chefs béloutches des relations d'alliance et d'amitié.

Napoléon tombé, les préoccupations du gouvernement anglo-indien n'en restèrent pas moins tournées vers l'Asie centrale. Seulement, ce n'est plus la France qui est l'ennemi redouté. La prise de l'île Maurice en 1810 et surtout les traités de 1815, qui ne nous laissèrent de nos possessions de l'Inde que cinq comptoirs, avaient mis la France hors d'état de lutter désormais pour la suprématie dans l'Inde. Ce fut une autre puissance, celle-là même que Napoléon avait associée à ses projets sur l'Inde, qui prit notre place dans l'appréhension des Anglais. Au péril français succède le péril russe.

On a beaucoup discuté, au cours du XIXe siècle, sur ce dernier péril, et l'on s'est demandé souvent si la crainte qu'en ont les Anglais était bien fondée. Les uns ont soutenu que le péril russe était le plus imaginaire des périls, que c'était une chimère ; que les Russes étaient dans l'impuissance absolue d'amener assez de troupes, assez de vivres, assez de munitions pour une campagne sérieuse ; qu'entre eux et les Anglais il y avait l'Himalaya, l'Hindou-Kouch et leurs défilés aussi hauts que le Mont-Blanc ; qu'il y avait l'Afghanistan avec ses peuplades guerrières, farouches, capables de causer les plus graves préjudices à l'envahisseur ; mais, sans entrer ici dans l'examen des considérations d'ordre politique, économique et social qui pouvaient engager ou détourner le gouvernement russe de tenter une pareille entreprise, et en envisageant simplement la possibilité d'une attaque russe par le nord-ouest de l'Inde, on est bien obligé de reconnaître, d'après les données de l'histoire, que cette attaque est réalisable. Ce ne serait pas la première fois qu'une vague formidable, qui roulerait du centre de l'Asie, viendrait battre les frontières de l'Empire des Indes. Les grandes invasions de l'Inde par Mohammed le Ghaznévide, par Tamerlan, par Baber, par Nadir Chah ont eu lieu par la frontière nord-ouest. Tous les Anglais de l'Inde, auxquels l'histoire de ce pays est familière, sont d'accord sur la possibilité d'une attaque sur ce point.

* * *

Un fait certain c'est que pendant tout le cours du XIXe siècle la Russie n'a cessé de reculer ses frontières dans la direction de l'Inde. Le commencement de la grande extension de la Russie en Asie centrale date de la fin même des guerres napoléoniennes. Déjà au traité de Gulistan, en 1813, les Russes avançant dans la direction du Caucase s'étaient fait céder, par la Perse, le Daghestan, le Chirvan et la côte jusqu'à l'embouchure de l'Araxe. Quelques années plus tard, sous Nicolas Ier, une nouvelle guerre que termina le traité de Tourkmanchai donnait aux Russes Erivan, Nakhitchevan, les établissait dans l'Arménie persane jusqu'à l'Ararat et l'Araxe. Après chaque guerre, le chah se trouvait de moins en moins maître d'orienter sa politique dans un sens défavorable aux intérêts russes, et il était à craindre que la Perse ne tombât complètement sous l'influence ou la domination de la Russie, quand l'Angleterre, craignant de voir sa rivale devenir maîtresse de la côte de l'Iran et dominer l'entrée du détroit d'Ormuz, réussit à conclure en 1834 avec la Russie un accord par lequel les deux puissances contractantes s'engageaient à maintenir la Perse comme Etat indépendant.

Cet accord rassurait l'Angleterre du côté de la Perse, mais il n'en laissait pas moins les Russes libres de s'étendre au midi de l'Irtych, dans la direction du Turkestan central et du nord de l'Inde. Déjà, l'année 1830 avait vu les Russes toucher, pour la première fois, l'Iaxarte. Bien que les régions conquises fussent à une assez grande distance de l'Inde, il n'en fallut pas davantage pour amener le gouvernement anglo-indien à prendre dans cette direction des mesures qui lui parurent dictées par les circonstances, et notamment à renouveler avec l'Afghanistan l'alliance conclue avec l'émir de ce pays, Chah Soudja, au commencement du XIXe siècle contre Napoléon. Dans ce but, Burnes fut envoyé, en 1830, en ambassade à Caboul, puis de nouveau en 1837, et quand, cette année-là même, le chah de Perse vint mettre le siège devant Hérat, un officier anglais, nommé Pottinger, fut envoyé dans la place pour assurer sa défense. En même temps, une flotte anglaise s'emparait des îles Karrachs, dans le golfe Persique. Ces mesures mêmes ayant paru insuffisantes à Londres et à Calcutta où l'on estimait que la Russie était l'instigatrice de l'expédition entreprise par le chah de Perse contre Hérat, le gouvernement anglais résolut de s'assurer l'appui de l'Afghanistan et de faire concourir ce pays, en vue de certaines éventualités, à la politique générale de l'Empire anglo-indien.

L'émir d'alors, Dost Mohammed, qui avait, à la suite d'une des insurrections si fréquentes dans ce pays, chassé de Caboul l'ancien émir Chah Soudja, était un prince intelligent, avisé, qui ne demandait pas mieux que de s'entendre avec les Anglais pour affermir sa domination menacée au dehors par les progrès des Sikhs, qui ne cessaient d'empiéter sur ses frontières au nord-est. Il sollicitait même l'appui du gouvernement de l'Inde contre Rundjet Singh, le chef de la confédération shik qui lui avait enlevé une partie du Pendjab. Il ne dépendit alors que de lord Auckland, gouverneur général de l'Inde, de profiter de l'occasion pour asseoir solidement l'influence anglaise à Caboul ; mais cet homme d'Etat, tout en cherchant à faire graviter l'Afghanistan dans l'orbite de l'Empire indien, n'osa s'engager dans une politique qu'il considérait comme trop active et rejeta les propositions de l'émir. Dépité et inquiet, Dost Mohammed chercha à Saint-Pétersbourg l'appui qu'il ne pouvait trouver à Calcutta, et s'adressa au tsar qui s'empressa de faire partir pour Caboul un envoyé extraordinaire, Viktevich. Ce fut le feu mis aux poudres. Aussitôt le gouvernement de l'Inde se rappela les invasions antérieures et les projets de Napoléon et du tsar Paul Ier, et le spectre de la domination russe à Caboul se dressa à ses yeux. Incontinent, les mesures furent prises pour envoyer une grande expédition à Caboul, détrôner Dost Mohammed, et le remplacer par un ami dévoué par avance aux intérêts de l'Angleterre.

On trouve racontées dans les livres d'histoire contemporaine les péripéties de cette lutte : l'occupation en avril 1839 de Candahar et de Caboul par une armée anglo-indienne, la fuite de Dost Mohammed, l'intronisation à Caboul de Chah Soudja et l'itansllation de Burnes comme ministre-résident près du nouvel émir; puis, le 2 novembre 1841, l'insurrection de Caboul, le massacre de Burnes, l'évacuation de Caboul par l'armée anglaise qui fut anéantie dans les passes de Gundamak, l'envoi d'une nouvelle armée anglaise à Caboul, et Chah Soudja ayant été massacré au cours des derniers événements, la réinstallation de Dost Mohammed avec le consentement des Anglais. Dost Mohammed, qui avait repris ses bons sentiments à l'égard du gouvernement anglo-indien, conclut avec lui, le 30 mars 1855, le traité de Peïchawer stipulant qu'entre « l'honorable « Compagñie des Indes et Sa Hautesse l'émir Dost « Mohammed Khan, vali de Caboul, il y aurait paix « et amitié perpétuelles ; que la Compagnie des « Indes s'engageait à respecter les territoires de Sa « Hautesse, à n'y jamais intervenir et que, de « son côté, Sa Hautesse s'engageait à être l'ami « des amis et l'ennemi des ennemis de ladite Com- « pagnie ». Fort de l'amitié anglaise, Dost Mohammed s'empara en 1862 de Hérat. Après sa mort, la même amitié fut continuée à son fils et successeur Shere Ali, auquel furent fournis des armes, de l'artillerie et 3 millions par le traité d'Ambala en 1869.

Cependant, tandis que les Anglais implantaient leur influence en Afghanistan, les Russes ne demeuraient pas inactifs. Ils avaient fort bien compris après l'échec de la mission Vitkevich, en 1839, qu'il était vain de vouloir faire une politique active en Afghanistan, alors que leurs possessions de Sibérie et d'Europe étaient séparées par des centaines de lieues de ce pays. En 1840, les postes russes les plus avancés en Asie centrale étaient sur le Syr-Daria et l'Irtych. Dès 1845, les Kirghiz étaient soumis et des expéditions dirigées contre Khiva. Malgré l'échec de ces dernières, les Russes avaient réussi à prendre pied, en 1852, dans le Khanat de Kokhand. En 1865, Tachkend était enlevé ; quelques mois plus tard Khodjent, et en 1868, le général Kaufmann s'emparait de Samarcande et obligeait le khan de Boukhara à devenir vassal de la Russie. En 1873 enfin, trois colonnes lancées simultanément contre Khiva avaient raison de la place. Par ses dernières conquêtes, la Russie touchait à l'Amou-Daria, au Pamir et devenait limitrophe de l'Afghanistan sur toute la frontière nord de ce pays ; et dès lors se trouva posée la question de la détermination de la frontière russo-afghane, entre la Russie et l'Angleterre, toute-puissante à Caboul et forte des traités d'amitié conclus avec Dost Mohammed et Shere Ali. Par le traité conclu en 1872, la frontière nord de l'Afghanistan fut déterminée, d'un commun accord, par une ligne allant de Sarakhs à Khodja-Saleh, bac de l'Oxus sur la route de Boukhara à Balkh, puis remontant l'Amou-Daria jusqu'au confluent de la Koktcha, englobant ainsi le Wakan. Ce traité doit être considéré comme un des plus beaux triomphes de la politique coloniale de Gladstone. En consentant à ce que l'Angleterre fixât exclusivement avec elle la question de la frontière nord du pays Afghan, la Russie s'engageait à ne pas dépasser la limite alors tracée et laissait le champ libre à sa rivale. L'Afghanistan était ainsi reconnu implicitement graviter dans l'orbite de l'Empire anglo-indien, et ce magnifique résultat, l'Angleterre l'obtenait sans dépenser ni un soldat ni un écu.

En effet, après la signature de cet accord, l'émir d'Afghanistan, comprenant la situation nouvelle qui lui était faite, envoya en 1873 un de ses ministres à Simla avec mission de demander appui au gouvernement de l'Inde dans les difficultés qu'il pourrait rencontrer soit à l'intérieur, soit à l'extérieur, et le vice-roi de l'Inde, lord Northbrook, entrant dans les vues de l'émir, proposa au Foreign-Office d'assurer au gouvernement afghan que, « à la condition qu'il « acceptât de se conduire suivant les avis de la « Grande-Bretagne dans toutes ses relations exté- « rieures, on lui fournirait, pour repousser une « agression non provoquée, de l'argent, des armes « et des troupes ». Que l'avis de lord Northbrook prévalût, et c'était la question de l'Afghanistan résolue. Mais Gladstone, qui avait pourtant apporté tous ses soins à la conclusion de la convention anglo-russe de 1872, se déroba et fit répondre « qu'il convenait de renvoyer à un moment plus « opportun la discussion de la question des rela- « tions définitives à établir entre l'Afghanistan et « l'Inde ».

On a reproché à M. Gladstone la timidité et l'indécision dont il fit preuve en cette occurrence, et certes, ce manque de résolution serait peu explicable, si l'on ne tenait compte de l'état de l'opinion et des idées qui régnaient à cette époque en Angleterre en matière économique et coloniale. L'histoire de la politique coloniale de la Grande-Bretagne entrait alors dans sa troisième phase. Après le système de l'exploitation directe des colonies par la métropole, qui avait pris fin avec la proclamation de l'indépendance des États-Unis, après l'abandon du système du paiement de subsides annuels donnés par la mère patrie pour couvrir les frais d'administration de ses possessions, venait de s'ouvrir l'ère de la liberté et de l'autonomie pour les colonies, avec la charge pour elles d'assurer les dépenses de leur administration intérieure. « Donnez aux colonies le « self-government, avait dit, en 1849, Cobden à « Manchester, et en même temps, mettez à leur « charge les frais de gouvernement. » Et il ajoutait comme corollaire que les colonies ne devaient être retenues à la métropole que par l'affection et ne devaient être prisées que par le mouvement commercial auquel elles donnaient lieu. On ne voulait plus faire de sacrifices, soit en hommes, soit en argent, pour les colonies; on ne voulait plus entendre parler de difficultés et de complications lointaines ; on cherchait surtout à favoriser le développement économique et commercial de la métropole. Le Foreign-Office était entré dans cette voie. En fait, le gouvernement anglais était arrivé à cette conception : c'est que les possessions territoriales importent peu, pourvu qu'elles aient la porte ouverte et qu'elles offrent un minimum de sécurité pour les choses et les personnes. Le libre-échange avant tout. « C'était la doctrine de l'école de Manchester, a pu

« dire plus tard lord Salisbury, de considérer les « colonies comme un fardeau » : et M. Gladstone ne craignait pas de dire que le pire malheur qui pût arriver à un État était d'avoir des colonies. Comment, sous l'empire de telles idées régnantes, M. Gladstone eût-il, en accédant au désir de l'émir d'Afghanistan, obligé l'Angleterre à intervenir dans les troubles sans cesse renaissants à Caboul ? Homme d'État anglais, il avait bien osé, sous la pression des exigences de la politique traditionnelle de la défense de l'Inde, écarter, par le traité de 1872, la Russie de la frontière du haut Indus ; il ne pouvait, partisan convaincu de l'école de Manchester, aller plus loin et laisser l'Angleterre se fourvoyer dans le guêpier afghan.

Quoi qu'il en soit, Shere Ali, irrité de l'avortement des négociations dont il avait pris l'initiative, se tourna vers la Russie. Le 17 juillet 1878, il reçut à Caboul la mission russe du général Stoliétof et refusa d'accueillir la mission anglaise de sir Neville Bowles, que le vice-roi des Indes lui envoyait. La guerre fut déclarée aussitôt.

Elle se termina par le traité de Gundamak, le 26 mai 1879, par lequel Yacoub Khan, fils de Shere Ali, dut accepter la présence à Caboul d'un résident anglais, Cavagnari, et placer ses États sous le contrôle extérieur de la Grande-Bretagne. Mais les scènes qui avaient ensanglanté Caboul en 1839 se renouvelèrent. Cavagnari fut massacré, comme l'avait été son prédécesseur Burnes, avec toute son escorte. L'armée anglaise dut reprendre pour la quatrième fois le chemin de Caboul, qu'elle occupa, et Abdurrhaman fut proclamé le 22 juillet 1880 officiellement émir, au nom de la Grande-Bretagne, à la condition suivante, qui lui fut imposée et qu'il accepta : « L'émir n'aura pas de relations politiques avec une « nation autre que l'Angleterre et devra se confor- « mer, dans ses relations extérieures, aux avis du « gouvernement anglais. »

De nouvelles conventions sont venues encore, avant la signature du dernier traité anglo-russe, préciser la situation respective de l'Angleterre, de la Russie et de l'Afghanistan. C'est d'abord la convention anglo-russe du 22 juillet 1887, laquelle, à la suite de l'incident de Zulfikar, fixa la frontière entre l'Asie centrale russe et l'Afghanistan, et par laquelle l'Angleterre obtint la confirmation de la situation qu'elle tenait, de par les accords antérieurs, en Afghanistan ; puis l'accord, anglo-russe encore, du 11 mai 1895, par lequel le Petit-Pamir fut cédé à l'Afghanistan par la Russie et le Whakan neutralisé ; enfin le récent accord anglo-afghan de mars 1905, par lequel, Habibulla, le successeur d'Abdurrhaman au trône d'Afghanistan, « s'engage à remplir les clau- « ses des accords conclus par son père avec la « Grande-Bretagne au sujet des affaires extérieures « et intérieures de l'Afghanistan, et à n'y contre- « venir par aucune action sous aucun prétexte ». Sous ces termes, il faut entendre les accords conclus entre le gouvernement anglo-indien et Abdurrhaman au moment de l'accession au trône de ce dernier, accords par lesquels l'émir renonçait à toutes relations extérieures avec une puissance étrangère.

*
* *

Ainsi, à la veille du dernier traité anglo-russe, la prépondérance de l'influence anglaise en Afghanistan avait été acceptée et reconnue à diverses reprises à la fois par l'Afghanistan et la Russie, et par conséquent, on pouvait considérer la partie comme perdue, diplomatiquement parlant, par la Russie en Afghanistan. Par contre, du côté de la Perse, la lutte se poursuivait avec des hauts et des bas, et la Russie y était en meilleure posture. Après la signature de l'accord de 1833 entre les deux puissances rivales, accord par lequel l'Angleterre et la Russie s'engageaient à maintenir la Perse comme Etat indépendant, la rivalité anglo-russe avait dû se borner au terrain économique tout d'abord, et grâce à ce traité, l'Angleterre avait pris les devants et avait fait porter ses efforts surtout sur les régions de la Perse qui étaient le plus accessibles à son action et dont la possession importait le plus à la défense de l'Inde, c'est-à-dire, sur la Perse méridionale. A partir de 1835, de nombreuses missions scientifiques ou commerciales furent envoyées en ce pays. La côte méridionale de la Perse fut rattachée à l'Inde par une ligne de câbles sous-marins. Dans l'intérieur de la Perse, diverses lignes télégraphiques terrestres devinrent aussi la propriété de Sociétés anglaises, notamment les réseaux de Bouchire à Téhéran, de Téhéran à Djoulfa et à Méched, et la triple ligne de Kachan au midi de

Téhéran à la frontière de l'Inde par Yezd et Kerman. La construction des routes et des chemins de fer fut menée de front avec l'établissement des lignes télégraphiques. La Banque impériale de Perse fut fondée et le fleuve Karoun fut ouvert au commerce. Le pavillon britannique monopolisa à peu près à son profit le mouvement commercial dans le golfe Persique. Une ligne de navigation, la British India Company, mit en communication Bombay et les principales escales du golfe, et un service régulier de cargo-boats venant d'Angleterre visitèrent Bender-Abbas et Bouchire. Cinq agents politiques, installés dans les ports du golfe, veillèrent en même temps aux intérêts anglais.

Devant cet envahissement pacifique progressif de la Perse par l'influence anglaise, la diplomatie russe resta impuissante et ce n'est que dans ces dernières années que l'initiative russe entreprit de lutter sur le terrain économique avec les Anglais. Tout d'abord la Russie s'est fait le banquier du gouvernement persan. La Banque russe des prêts fut fondée en 1897, et les prêts succédèrent aux prêts. A la mainmise sur les finances, le gouvernement russe ajouta la mainmise sur l'armée. Des instructeurs militaires furent envoyés au chah et firent sortir de la cohue des troupes persanes sans cohésion la magnifique brigade qui a permis au chah actuel de faire valoir facilement ses droits au trône. En outre, les Russes eurent recours, pour assurer le développement de leurs intérêts, à l'influence que donne la possession des routes et des chemins de fer. C'est ainsi qu'ils ont établi une route entre Recht et Téhéran, que le gouvernement russe a fait construire en 1898 le chemin de fer de Kouchk, qui se termine à 120 kilomètres seulement de Hérat, qu'en 1901, la ligne d'Askabad-Méched était commencée. A la même époque la construction de la ligne Alexandropol-Erivan était activement poussée, et pour réserver l'avenir la Banque russe des prêts se faisait donner le privilège de la concession des chemins de fer sur le territoire persan.

Toutes ces lignes récemment ouvertes sont situées dans le nord de la Perse, mais dans ces derniers temps les Russes étaient allés jusqu'à comprendre dans leur champ d'action la Perse méridionale et le littoral du golfe Persique, que les Anglais s'étaient habitués à considérer comme leur domaine exclusif. Une compagnie russe de navigation avait établi un service régulier d'Odessa à Bouchire, et des agents consulaires avaient été installés dans les ports du golfe Persique.

Enfin, toujours dans ces derniers temps, les Russes non contents de tenir en échec les Anglais dans la Perse, avaient étendu leur champ d'action jusqu'au Thibet. De 1871 à 1885, le général Prjevalsky avait établi la topographie du Thibet septentrional. En 1889 et 1890, une expédition russe, dite « expédition scientifique du Thibet », sous la direction du général Pievtzof, accompagné du géologue Bogdanovitch, parcourait l'extrémité nord du plateau thibétain. En 1905, deux membres de la mission russe qui opérait dans le Turkestan oriental reçurent l'ordre de se détacher de la mission et arrivèrent, en 1897, à Lhassa, accompagnés d'une escorte commandée par le commandant Kozlof. A la même époque, Agouan Djorgief, sujet russe, fut nommé directeur des affaires civiles auprès du dalaï-lama et se fit envoyer par ce dernier en ambassade auprès du tsar, qui le reçut, le 30 septembre 1900, au palais de Livadia. Le retour de Djorgief à Lhassa fut suivi du départ d'une seconde ambassade auprès du tsar, qui arriva et fut reçue à Péterhof à la fin de 1902. Djorgief était en même temps nommé « grand maître de l'artillerie » et trésorier du dalaï-lama. Profitant de son crédit, il attirait à Lhassa, et dans les localités les plus importantes du Thibet, plus de cinquante sujets russes qu'il plaçait dans divers postes au service du dalaï-lama et dans les plus importants couvents thibétains.

Les allées et venues entre Lhassa et Saint-Pétersbourg, le maintien dans cette dernière ville de l'escorte de Kozlof, l'influence acquise par Djorgief ne furent pas longtemps sans éveiller l'attention du gouvernement des Indes, et ces divers faits revêtirent à ses yeux une signification d'autant plus marquée, qu'au même moment toutes les tentatives qu'il faisait pour l'exécution de divers engagements pris par les Thibétains se heurtaient, chez ces derniers, à un mauvais vouloir absolu. Les Thibétains refusaient même d'entrer en relation avec les Anglais pour le règlement de certaines questions de frontière et de commerce en litige. De ce refus des Thibétains, autant que la sympathie avec laquelle ils avaient accueilli les Russes, est sortie l'expédition du Thibet.

En dépit des représentations réitérées formulées par le gouvernement de Saint-Pétersbourg, une armée anglaise envahit le Thibet, entra à Lhassa, mit à la place du dalaï-lama, qui avait fui, le supérieur du grand couvent thibétain de Taschilumbo, le taschi-lama, et conclut avec les représentants du gouvernement thibétain, au mois d'aout 1904, un traité par lequel était implantée dans une certaine mesure l'influence anglaise au Thibet. Le nouvel état de choses ne tarda pas, quelque temps après, à être accepté par la Chine dont les Anglais, d'ailleurs, ne firent aucune difficulté de reconnaître la suzeraineté que cette puissance exerçait effectivement depuis des siècles sur le Thibet.

*
* *

On concevra sans peine que la rivalité des Anglais et des Russes en Asie centrale n'ait pas été sans créer un sentiment de malaise et de méfiance entre Londres et Saint-Pétersbourg. Les Anglais surtout étaient hantés par la perspective d'une attaque possible de leur frontière nord-ouest, et par le spectre des troupes cosaques débouchant dans la haute vallée de l'Indus. A certains moments, ce malaise avait provoqué un état de tension d'où aurait pu sortir un conflit entre l' « Ours et la Baleine ». On avait été à deux doigts de la guerre en 1884, lors de l'attaque des avant-postes afghans près de Pendjeh par le général Komarof. La prudence et la sagesse des deux gouvernements avaient alors arrangé les choses, et fort heureusement pour eux. On peut, en effet, se demander si les avantages qu'eût retirés le vainqueur eussent valu les risques de la lutte. En supposant l'écrasement total de son adversaire, l'Angleterre ne pouvait guère ajouter à son empire anglo-indien que les steppes et les quelques oasis du Turkestan russe, contrées lointaines et dont l'administration eût été onéreuse ! D'autre part, quel surcroît de forces auraient apporté à la Russie des conquêtes dans l'Inde ? Laissés libres à leurs destinées, les Hindous seraient tombés dans l'anarchie. Incorporée à la Russie, l'Inde aurait été plutôt un élément de dissolution de l'Empire russe. Quelle force de cohésion aurait eue un État démesuré, qui se serait étendu des mers polaires aux environs de l'Équateur, englobant tant de populations et de civilisations disparates, et ayant son centre de gravité non plus à Saint-Pétersbourg, mais à Calcutta ? Et pour obtenir pareil résultat, il aurait fallu soutenir une lutte qui aurait embrasé l'Europe et l'Asie, et épuisé les forces du vainqueur et du vaincu. C'est pourquoi, sans doute, le gouvernement russe s'est toujours défendu d'avoir des visées sur l'Inde, et a fait des déclarations en ce sens chaque fois que l'occasion s'en est présentée. Et c'est aussi la raison pour laquelle, lorsqu'on croyait les deux adversaires sur le point d'en venir aux mains, on voyait tout se terminer par des arrangements amicaux et de nouveaux accords ; Les circonstances critiques, par lesquelles sont passées les relations anglo-russes en Asie centrale, ont presque toujours été provoquées par des agents locaux subalternes, atteints de cette *morbus consularis* qu'on retrouve chez bon nombre de fonctionnaires dans les terres lointaines, et dont le gouvernement est obligé de refréner le zèle intempestif. Les diplomates de Saint-Pétersbourg, qu'on a souvent accusés d'ambition démesurée, ont fait preuve au contraire, au cours du XIXe siècle, d'une constante modération. Ils ont consenti à respecter et à maintenir l'intégrité territoriale de la Perse, ont laissé annexer le Béloutchistan, ont reconnu l'influence anglaise en Afghanistan, ont laissé l'empire anglo-indien s'étendre au delà du Kouen-loun et n'ont pas protesté contre le récent traité anglo-thibétain.

Toutefois, malgré l'intérêt évident qu'il y avait pour eux à éviter un conflit armé, la situation, en l'absence de tout règlement général et définitif des questions pendantes, n'en restait pas moins imprécise aux frontières de l'Iran, du Thibet et de l'Afghanistan. Des heurts, des froissements, des collisions locales étaient à craindre ; des incidents comme celui du général Komarof, pouvaient à tout instant surgir. L'anxiété subsistait dans les esprits, la confiance réciproque ne pouvait que difficilement exister entre les deux gouvernements, et ce manque de quiétude avait pour eux de graves inconvénients : il paralysait leur action diplomatique en Europe et les obligeait à entretenir de gros effectifs en Asie. Sur le terrain militaire, les deux nations étaient gênées dans leur liberté d'action. C'est ainsi que la Russie avait dû, pendant la guerre russo-japonaise, retenir en Transcaucasie et dans la Transcaspienne des armées qui auraient été à leur vraie place dans les plaines de Mandchourie.

*
* *

Certes, du moment que l'expansion russe n'avait pas pour but nécessaire et défini la conquête de l'Inde, pas plus que la sécurité de l'Inde ne commandait la conquête du Turkestan russe, et puisque leurs intérêts n'étaient pas tellement opposés que les États ne pussent vivre l'un à côté de l'autre au pied de l'Hindou-Kouch, il y avait lieu de se demander s'il n'était pas possible, autant qu'il était désirable, d'arriver entre les Russes et Anglais à une entente. Beaucoup avaient fini par se déclarer en faveur de cette solution. L'idée d'une entente ne provoquait plus, au delà de la Manche, et sur les bords de la Néva, les mêmes protestations qu'autrefois. Et dès avant la guerre russo-japonaise sous l'impression de la détente produite, des pourparlers étaient engagés entre les deux gouvernements sur les questions d'Asie centrale. La guerre russo-japonaise les interrompit, il est vrai. Mais aussitôt qu'elle fut terminée, le gouvernement anglais jugea le moment opportun pour reprendre la conversation sur ce sujet.

Ce fut précisément la signature du traité anglo-japonais du 30 août 1905 qui fut l'occasion de cette reprise. En même temps qu'il signait le traité, lord

Lansdowne s'appliquait, dans une lettre à sir Charles Hardinge, à dissiper les inquiétudes de ceux qui, parmi les Russes, voyaient dans cette alliance une menace. Cette invitation fut comprise à Saint-Pétersbourg. Quelque temps après, à Algésiras, dans l'intervalle des séances de la Conférence, une conversation que favorisaient discrètement nos plénipotentiaires s'engageait entre les représentants de l'Angleterre et de la Russie, sir Arthur Nicholson, sir Donald Mackenzie Wallace et le comte Cassini. Continuées à Saint-Pétersbourg et à Londres, ces négociations ont, après une durée d'un an, abouti à la convention du 30 août 1907 qui a réglé les futures relations anglo-russes au Thibet, en Perse, en Afghanistan et dans le golfe Persique, c'est-à-dire dans tous les pays limitrophes de l'Inde et des possessions russes en Asie.

Au point de vue de la nature des futures relations anglo-russes et de la répartition des zones d'influence en Asie centrale, la valeur et la signification du traité ressortent des données que nous avons exposées précédemment sur la situation territoriale et économique acquise et sur les déclarations et engagements antérieurs des deux gouvernements. Les clauses qu'il contient doivent être rapprochées des faits principaux de l'histoire de la rivalité anglo-russe en Asie.

Tout d'abord, les premières réflexions que le traité du 30 août inspire, en ce qui touche le Thibet et l'Afghanistan, c'est que les parties contractantes se sont mises d'accord pour maintenir les deux pays fermés aux étrangers, régime d'autant plus facile à appliquer qu'il répond aux habitudes et aux désirs aussi bien du gouvernement de Lhassa que de celui de Caboul. Toutefois, si la Russie stipule que l'Angleterre ne pourra porter atteinte à l'indépendance administrative et à l'intégrité territoriale de l'Afghanistan, elle reconnaît l'existence d'une sorte de protectorat diplomatique anglais sur ce pays, puisqu'elle s'engage à ne communiquer avec lui que par l'intermédiaire du gouvernement britannique. Au Thibet, au contraire, les deux parties contractantes se mettent exactement sur le même pied. Elles s'effacent toutes deux devant le protectorat chinois, renoncent à entretenir des agents à Lhassa, déclarent même qu'elles ne demanderont aucune concession d'aucune espèce pour leurs nationaux.

D'aucuns auront remarqué qu'en consacrant la fermeture du Thibet, et s'interdisant tout empiétement territorial et administratif en Afghanistan, l'Angleterre semble perdre une partie du terrain que les armes, la politique et les traités antérieurs lui avaient assuré. Au Thibet, elle renonce à la prépondérance exclusive qu'elle tenait du traité de Lhassa. Remarquons toutefois que les stipulations de la convention anglo-russe n'abrogent en rien l'article 9 de la convention anglo-thibétaine par lequel l'Angleterre s'arroge le droit d'interdire au gouvernement thibétain d'accorder sur son territoire une concession quelconque à une puissance étrangère sans avoir obtenu au préalable l'assentiment du gouvernement de l'Inde : ce qui enlève au Thibet son indépendance économique. En Afghanistan, qui avait été reconnu maintes fois par la diplomatie russe comme étant dans la zone d'influence anglaise et cela sans réserves d'aucune sorte, l'Angleterre, il est vrai, se laisse imposer désormais de nombreuses restrictions à son action. Elle s'interdit, vis-à-vis de la Russie, d'annexer l'Afghanistan et de s'immiscer dans les affaires intérieures du pays. De plus l'Afghanistan devient vis-à-vis d'elle, d'un État allié qu'il était précédemment et pouvant coopérer d'une manière active à toute action offensive contre la Russie, une sorte d'État neutralisé en quelque sorte au point de vue militaire et ne pouvant être utilisé comme front d'attaque contre le Turkestan russe.

Mais à ces concessions de l'Angleterre correspondent des concessions parallèles de la part de la Russie. Avant le traité anglo-russe, l'influence de la Russie était prépondérante à la cour de Téhéran. La Russie avait obtenu le monopole des emprunts persans. Elle détenait le contrôle des finances et des douanes; elle avait su se faire charger de réorganiser l'armée, et s'était réservé la construction de toutes les voies ferrées. Or aujourd'hui, la Russie renonce à toute action politique unilatérale à Téhéran. Elle reconnaît le principe de l'égalité commerciale, de l'égalité du contrôle à exercer sur les finances persanes, et prévoit l'éventualité d'un condominium russo-anglais. En un mot, elle admet la Grande-Bretagne sur le même pied qu'elle pour la surveillance des affaires persanes: de plus, elle lui reconnaît des intérêts spéciaux dans le golfe Persique. Sans doute, il est bien vrai que la délimitation des sphères d'influence en Perse fait à la Russie la part du lion; que la zone d'influence russe est de beaucoup la plus étendue; qu'elle comprend à peu près toute la Perse septentrionale et les parties les plus riches du pays : l'Azerbaïdjan et le Khorassan, avec le siège du gouvernement, Téhéran, et les villes les plus importantes, Tauris, Ispahan, Yedz, Recht, Meschèd, tandis que la faible étendue de pays réservé à l'Angleterre dans la Perse méridionale consiste surtout en ce que lord Salisbury aurait appelé des terres légères. Mais dans la partie du sud de la Perse reconnue à l'Angleterre se trouve le port de Bender-Abbas, et en laissant ce port qui commande le détroit d'Ormuz et l'entrée du golfe Persique tomber dans la sphère britannique, la Russie s'interdit toute issue hors de ce golfe et renonce au rêve, qu'on lui a si souvent prêté, d'avoir un accès vers la mer libre et les eaux chaudes.

D'une manière générale et pour résumer la situation, on peut avancer que l'égalité de traitement consentie par la Russie en faveur de l'Angleterre à Téhéran compense la mise sur un pied d'égalité consentie par l'Angleterre en faveur de la Russie à Lhassa, et que la reconnaissance de la suprématie britannique dans le golfe Persique est la contre-partie des restrictions acceptées par l'Angleterre à son action en Afghanistan.

*
* *

Mais on n'aurait qu'une idée imparfaite et superficielle de la convention anglo-russe, si on s'en tenait à son texte et si l'on se bornait à rechercher quel est, des deux signataires, celui qui a pris le plus en laissant le moins à l'autre. Pour bien en apprécier la signification, il faut l'envisager au point de vue de la politique générale européenne et au point de vue de la question indigène en Asie.

Depuis lord Beaconsfield et l'inauguration de la politique impériale, la situation internationale de l'Angleterre a changé. Bien qu'elle reste la plus grande puissance navale, ses navires ont cessé d'être plus nombreux que tous les autres sur la surface des mers. L'Angleterre ne peut qu'au prix de difficultés et de dépenses considérables accroître assez ses constructions navales pour résister aux flottes réunies de plusieurs puissances coalisées. Le temps est passé aussi où, les grandes armées du service militaire et obligatoire n'existant pas encore, il suffisait de jeter 50.000 soldats anglais dans la balance pour la faire pencher.

D'autre part la Russie, après la guerre russo-japonaise, a dû se recueillir partout. Ses moyens d'action étaient provisoirement diminués : avant qu'ils fussent reconstitués, elle était tenue à une grande réserve. La convention anglo-russe peut avoir comme résultat de lui permettre de diminuer ses gros effectifs du Turkestan et de la Transcaspienne et de les reporter plus à proximité de l'Europe. La politique d'extension en Extrême-Orient étant abandonnée, elle pourra ainsi ramener son attention plus près de chez elle. De son côté, la situation militaire de l'Angleterre se trouvera allégée dans l'Inde. Du même coup, en effet, elle pourra diminuer l'effectif de ses troupes dans cette colonie, et la sécurité de ses frontières indiennes étant assurée, acquérir une plus grande liberté d'action en Europe. L'augmentation de sa puissance militaire et l'augmentation de celle de la Russie contribueront au maintien de la paix générale. Le nouvel anneau scellé dans la chaîne des ententes européennes n'est pas non plus inutile à l'intérêt français. Il fait cesser l'anomalie d'une France alliée d'une puissance et amie de l'autre qui avaient toutes deux des intérêts opposés et contradictoires. Désormais, appuyée à la fois sur l'alliance de la Russie et sur l'amitié de l'Angleterre dont les vieilles querelles sont liquidées, la France peut avoir en Europe une autorité morale plus grande et pourra être mieux à même de faire apprécier ses sentiments pacifiques. La convention anglo-russe est donc une garantie de plus pour la paix de l'Europe.

Et c'est aussi la paix en Asie. En effet, dorénavant, les possessions russes et anglaises en Asie sont séparées par une série d'États tampons qui, en empêchant les points de contact, écartent toutes occasions locales de conflit. Et de plus, la convention anglo-russe, en stipulant des mesures de garantie dans les zones interposées, empêche de prendre toutes mesures militaires qui pourraient être interprétées comme preuves d'un état de tension, ou qui pourraient faire naître cet état. Enfin, et ceci est un fait capital, l'accord anglo-russe va permettre à la Russie et à l'Angleterre de consacrer toute leur attention à la solution des problèmes nouveaux qui se posent en Asie : au point de vue international, c'est l'accession du Japon au rang des puissances, c'est la rénovation de la Chine, c'est le réveil de la Perse, c'est l'avènement de la liberté en Egypte et aussi en Turquie, c'est l'éveil de l'opinion aux Indes, situations nouvelles en face desquelles les puissances européennes qui ont des possessions en Asie ont tout avantage à adopter une ligne de conduite politique conforme à leur intérê commun.

Au Japon et en Chine, le traité anglo-japonais et le traité de Portsmouth, en modifiant à l'avantage du Japon l'équilibre en Extrême-Orient et en consacrant le principe de l'intégrité territoriale de la Chine laissent aux prodigieuses facultés de la race jaune toute latitude de se développer. Le Japon en profite pour consolider les résultats acquis et devenir la première puissance militaire et navale dans le Pacifique. La Chine active sa transformation intérieure et resserre les liens qui existent entre le gouvernement chinois et ses dépendances : la Mongolie et le Thibet. L'Angleterre et la Russie ayant reconnu dans le traité anglo-russe la suzeraineté de la Chine sur le Thibet, le gouvernement chinois s'est empressé de rendre plus effective sa domination sur ce pays. Il vient de mander à Pékin le nouveau dalaï-lama, lequel, d'après une correspondance toute récente, aurait solennellement renoncé à toutes ses prérogatives militaires et politiques, promettant de se confiner désormais dans son rôle de chef spirituel du Thibet, aurait consenti à ce que le nombre des hauts fonctionnaires chinois soit augmenté à Lhassa, acquiescé à la nomination d'un trésorier-payeur de race chinoise, et donné son autorisation à la création à Lhassa d'un corps de troupes sur le modèle chinois et à l'établissement de nombreuses écoles élémentaires où sera enseignée la langue chinoise. Toutes ces mesures indiquent clairement le début de la transformation du Thibet en une province chinoise, et il serait curieux qu'un des résultats les plus caractéristiques de la convention anglo-russe fût d'aboutir à cette transformation. En voulant éloigner la Russie du Thibet, l'Angleterre a affermi en ce pays la puissance de la Chine. Il est bien vrai que, par le traité anglo-chinois de 1906, la Chine a promis de s'abstenir de toute action politique au Thibet; mais la Chine n'en a pas moins la partie belle et le gouvernement anglo-indien pour assurer la sécurité de la frontière nord de l'Inde n'en aura pas moins à surveiller désormais ce qui se passe de l'autre côté de l'Himalaya. Au péril russe aura succédé le péril chinois.

Dans l'Inde même, la situation intérieure doit attirer aussi toute son attention et réclamer toute sa vigilance. Hommes et choses évoluent dans l'immense empire anglo-indien. Constamment des routes s'ouvrent, de nouveaux réseaux de chemins de fer se construisent, des canaux se creusent, le commerce se développe grandement et aussi l'industrie ; et comme il arrive toujours en pareil cas, l'amélioration de la condition morale des indigènes a suivi l'amélioration de la condition économique : la paix est assurée entre tous les Etats indigènes, la justice règne, et à son tour, cette amélioration de la condition morale des indigènes provoque une évolution dans leur manière de penser. Ceux-ci en sont arrivés à désirer qu'une plus grande liberté leur soit attribuée dans le domaine administratif et politique, et ils se sont livrés, dans ces derniers temps, à diverses manifestations pour atteindre ce but. Cette évolution a gagné à la fois les deux grandes classes de la population indienne : celle qui suit le culte de Brahma et celle qui est attachée à l'Islam. C'est une erreur de croire, en effet, que le monde musulman soit figé comme on le pense communément.

Sans doute nous savons bien que la société musulmane présente le spectacle d'une civilisation où le domaine spirituel et le domaine temporel sont restés confondus. La vie civile et la vie religieuse s'y ordonnent d'après les mêmes principes. La morale, le droit public et privé s'y déduisent d'une source unique, à savoir les enseignements du prophète fixés une fois pour toutes dans la collection des textes sacrés que constituent d'une part le Coran et d'autre part la Sonna, qui est le recueil des traditions transmises par les contemporains de Mahomet. Mais si les textes restent les mêmes, les interprétations qu'on en tire se modifient avec le temps, et comme toutes les choses humaines, l'Islam évolue. Dès maintenant, sans rompre avec l'orthodoxie, sans sortir du cadre de l'islamisme, dans l'intérieur même de la religion, beaucoup d'indigènes à l'esprit cultivé que tourmente le besoin de logique et de vérité cherchent des conceptions appropriées à cette existence nouvelle qui commence pour eux. Des jeunes gens qui ont reçu une éducation plus ou moins européenne essaient de démontrer à leurs coreligionnaires que, si les sociétés musulmanes sont en ce moment si arriérées par rapport aux sociétés européennes, c'est parce qu'elles ne sont pas restées fidèles à l'esprit libéral et progressiste du Coran. Un ordre de choses nouveau apparaît au sein des populations musulmanes soumises aux Européens, et cette évolution nouvelle est généralisée ; elle s'étend aussi bien dans la Transcaucasie et le Turkestan russe que dans l'Inde et dans l'Indo-Chine, aussi bien en Afrique qu'en Asie, en Egypte qu'en Tunisie et même en Algérie. L'Asie et l'Afrique s'éveillent et demandent qu'on leur fasse une place plus équitable au soleil.

Pour nous en tenir aux choses d'Asie, qui sont exclusivement l'objet de notre étude, nous devons mentionner le mouvement libéral qui vient de se dessiner avec tant de force en Perse. En ce pays, l'absolutisme a dû jeter du lest. Commencé sous Nasr Eddine en 1892, consacré par Mouzzafer Eddine, accepté, puis combattu par le chah actuel, Mohammed-Ali, le mouvement réformiste a gagné, en dehors des gens qui vivaient des abus, les sympathies de toutes les parties de la population, même du clergé et des théologiens musulmans qui l'approuvent. Il faut avouer que les revendications constitutionnelles se sont trouvées justifiées par une anarchie administrative, une corruption financière, une incurie gouvernementale sans analogue. Comme chez nous en

1789, c'est la crise économique qui a fait éclater la crise morale. Dans cette crise, l'immense majorité de la nation a été d'accord. Le clergé est à peu près tout entier libéral. L'aristocratie provinciale a fait cause commune avec la population agricole contre l'oligarchie de cour. Le peuple, bourgeois, banquiers, commerçants, artisans, paysans, exige une réforme profonde et des garanties nouvelles. Ces réformistes ont lu les livres du XVIIIe siècle français, et, notamment, l'*Esprit des Lois*, par la faveur dont il jouissait dans le public, a mérité les rigueurs de la censure et de la douane. Ils ont fait preuve d'une grande modération, et dans les désordres de Téhéran, n'ont pas été les provocateurs. La première assemblée délibérante réunie, le medjliss, a donné, dans l'élaboration des lois fondamentales, des preuves de sagesse. Elle a respecté les prérogatives nécessaires de la royauté en précisant seulement les limites qui, franchies, transforment l'autorité en despotisme. L'importance de cette évolution ne peut échapper. L'esprit nouveau a envahi les principales villes : la capitale, Tabriz, Ispahan, Kermantchaï et Chiraz. Sous une poussée presque insensible, sans secousse violente, s'est effondrée la vanité des pouvoirs existants. Un commencement de liberté s'est établi sur leurs ruines.

Le medjliss a été dissous par la violence il est vrai, et à la suite de ce coup d'Etat, Mohammed-Ali publia bien un manifeste où il déclarait toute Constitution incompatible avec les lois fondamentales de l'Islam et exprimait l'intention de gouverner selon les principes de la monarchie absolue et sans le concours d'un medjliss. Mais la période d'anarchie qui suivit a surabondamment démontré que le maintien du régime absolu n'était plus possible et que les efforts rétrogrades ne pouvaient plus servir — sans résultat durable du reste — qu'à prolonger l'ère de troubles, de stagnation économique, de malversations financières et de désordre moral où la Perse se débat. Après la dissolution du medjliss, l'anarchie administrative était à son comble, les impôts ne rentraient pas. Le trésor était vide. Toute activité agricole, industrielle ou commerciale était suspendue. Toutes les tentatives du gouvernement pour rétablir l'ordre par la répression aboutirent à des défections. L'Azerbaïdjan, la province la plus riche du royaume, était en pleine révolution et fut soustraite à l'autorité du chah, de même Ispahan, Recht, le Khorassan; les Russes occupèrent Tébriz, les Anglais Bender-Bouchir. En présence d'un tel état de choses, les tergiversations du gouvernement absolu ne pouvaient, selon toute vraisemblance, être longtemps de mise. Le soulèvement à peu près général des populations persanes ne tarda pas à les faire cesser. Après un vif combat entre les troupes du chah et les insurgés venus du dehors, Téhéran tomba aux mains de ces derniers. Mohammed-Ali a dû abdiquer et céder la place à son fils. Le medjliss dissous s'est de nouveau réuni et la vie parlementaire a repris. Et c'est en cette occurrence que l'on vit éclater les premiers bienfaits de la convention anglo-russe. Si les événements dont la Perse était alors le théâtre se fussent produits avant la signature de cette convention, quels conflits n'eussent pu être provoqués? N'y aurait-il pas eu lieu de craindre que les deux puissances rivales ne fussent amenées à profiter de la crise persane pour essayer de se supplanter l'une l'autre ? Aujourd'hui leur rôle est tout tracé. Après s'être si heureusement accordées pour respecter l'intégrité du territoire persan, elles doivent en favoriser le développement économique. La Perse est actuellement un des pays les plus inabordables. Elle touche bien à deux mers, mais à l'intérieur, les routes n'existent pas ou sont impraticables. Aussi est-elle isolée à peu près complètement au point de vue des communications internationales, et l'on a pu dire que tout l'espace compris entre Tauris et Bampour, entre Chouster et Méched disparaîtrait soudain, que le nombre des voyageurs entre l'Occident et l'Orient de l'Asie ne diminuerait pas d'un seul.

Loin d'être l'intermédiaire des Indes et de l'Occident, la Perse est enfermée, pour ainsi dire, entre deux voies : au nord, celle qu'ont ouverte les annexions russes à travers les steppes kirghises et turcmènes, et au sud, le chemin de la mer suivi par les paquebots côtiers. L'isolement actuel ne saurait durer. Avec la révolution économique qui raccourcit les distances, rapproche les peuples, rapetisse la planète, ce pays ne saurait rester bien longtemps à l'écart du progrès qui entraîne le monde. La Perse est tenue, sinon de redevenir la grande route aryenne, comme aux anciens âges, du moins de se rattacher au réseau de communications qui contournent son territoire, et tout permet de supposer que le jour n'est pas éloigné où ce rattachement aura lieu. Le prolongement du chemin de fer russe d'Erivan à Bouchire ou Bender-Abbas, et le prolongement de la ligne de Quettah vers l'Anatolie feront cesser cet isolement. La première ligne traverse la Perse du nord au sud, par Djoulfa et Chiraz, et en mettant le littoral persique en relation avec la région du Caucase, ouvre aux marchandises russes l'accès de l'Océan Indien ; la seconde traverse la Perse de l'est à l'ouest, et en reliant Bagdad à Kurrachee et à Bombay, ouvre aux produits de l'Inde les marchés européens. Ainsi, par la construction de ces lignes de chemins de fer, l'intérêt de la Russie, qui est d'avoir un accès vers les mers chaudes, et l'intérêt de l'Angleterre, qui est de pouvoir écouler par voie terrestre les produits de l'Inde sur les marchés européens, recevront également satisfaction. L'ouverture de ces lignes ne sera point seulement avantageuse au commerce russe et au commerce anglais ; elle fera du plateau de l'Iran le lieu de passage préféré des hommes d'Europe se rendant aux Indes, car, par la Perse, passe le chemin le plus direct qui va de Londres, de Vienne, de Paris, de Berlin, de Saint-Pétersbourg au golfe Persique et dans le bassin de l'Indus et du Gange, et c'est sur le territoire persan que se trouve le point de convergence et de concentration des lignes transcaucasienne, transcaspienne et transpersane qui mettront en communication, par une ligne ininterrompue, l'Europe et l'Asie, et feront de la Perse le grand carrefour des nations.

Quant à la politique à suivre par l'Angleterre et la Russie, et en général, par les puissances européennes qui ont des possessions en Asie, vis-à-vis de leurs sujets asiatiques, elle doit tenir compte, avant tout, de la nouvelle mentalité de leurs sujets. Il ne saurait être question pour elle désormais de maintenir exclusivement par la force de si vastes pays peuplés de trois cent cinquante millions d'hommes qui ont pour eux, le nombre, la force, l'adaptation au climat et l'avantage de vivre chez eux. L'ancienne méthode héroïque et simpliste de l'emploi exclusif de la coercition à l'égard des indigènes pour maintenir la domination européenne a eu son heure, mais cette heure ne saurait durer. Sans doute elle a permis à nos troupes de montrer à cet égard des qualités glorieuses, mais elle ne répond plus aux nécessités durables d'un établissement colonial. L'emploi continu de la force crée la soumission, non le ralliement. La leçon brutale du canon s'impose aux corps, pas aux âmes. Une victoire peut se suffire à elle-même, mais elle ne suffit pas à modifier les coutumes, les institutions et les mœurs. Aujourd'hui il faut chercher autre chose, s'essayer à de nouvelles méthodes, s'acheminer par des tâtonnements à une procédure moins élémentaire. A la domination basée sur la force doit succéder une communauté d'existence basée sur la tolérance réciproque de deux populations et sur le concours bienveillant des Européens et des indigènes à l'œuvre économique générale. Un rapprochement de plus en plus étroit s'impose désormais entre Européens et indigènes. Juxtaposées, rapprochées autant que possible, les deux races peuvent unir librement leurs efforts pour la production et le progrès ; et à bien considérer, c'est la vraie harmonie qui soit indispensable au progrès, à la paix et à la civilisation. Les grandes lignes du programme nouveau doivent être basées sur l'emploi simultané des moyens par lesquels on peut agir sur les hommes : la raison et l'intérêt. On s'adressera à la raison par l'ouverture d'écoles de plus en plus nombreuses ; on s'adressera à l'intérêt par le développement des sociétés de prévoyance qui habituent les indigènes à l'économie et qui les préservent des famines, par le développement de l'enseignement professionnel qui leur met des métiers entre les mains, par la multiplication des œuvres d'assistance, telles que les infirmeries, les dispensaires, la suppression de certaines rigueurs policières, la faculté de plus en plus grande donnée aux indigènes d'accéder aux emplois, l'encouragement donné à l'agriculture et à l'industrie locales. Toutes ces mesures apprendront aux indigènes que la domination européenne est un maître capable de grands bienfaits et leur donneront un bien-être assez réel pour que cette domination leur apparaisse comme la plus avantageuse des solutions politiques, et qu'à ce titre ils s'y attachent sincèrement. Pour l'Angleterre, notamment, elle aura d'autant moins de peine à suivre cette méthode qu'elle l'a découverte et l'a jadis pratiquée avec succès. Elle ne fera qu'en revenir aux grands principes de l'école de Manchester qui considérait que la base la plus solide de la consolidation de l'Empire britannique était, non dans l'emploi de la force, mais dans l'affection et la reconnaissance des populations des colonies, et que le meilleur moyen de favoriser le mouvement commercial était de développer le bonheur des indigènes. Le postulat de la nouvelle politique à suivre réside dans un crédit ouvert à la clairvoyance des indigènes : la tactique à employer est de leur prêter une assistance dont ils soient à même d'apprécier la valeur, de les attirer par le travail, le gain et la sécurité, de les prendre par l'intérêt et de les retenir par la sympathie; ce qui n'empêche pas d'ailleurs de leur rendre présente une force militaire, dont il dépend d'eux de ne pas devenir les victimes, et de leur faire comprendre qu'il vaut mieux pour eux garder les avantages de la correction que de courir les risques de la rébellion. La politique d'association et de coopération des races, la politique indigène comme on l'a nommée, telle doit être la politique de l'avenir, dans l'intérêt même de la domination européenne en Asie. (*Vifs applaudissements*).

Messieurs[1],

Vos applaudissements témoignent de la sympathie avec laquelle vous accueillez les conclusions, si libérales, si généreuses, et je crois pouvoir dire aussi, en définitive, si justes, de la belle conférence que vous venez d'entendre.

Au début de cette séance, je vous exprimais la pensée que M. le Dr Rouire, malgré sa haute compétence, ne se hasarderait pas à l'entreprise peut-être téméraire de vous tracer les règles générales de la politique qu'il convient aux puissances européennes de suivre à l'égard des populations indigènes établies dans les territoires qu'elles ont mission de gouverner.

Il s'est risqué, cependant, à dégager ces règles de l'ensemble des observations que sa propre expérience et sa connaissance approfondie de l'histoire de tous les peuples colonisateurs lui ont permis de recueillir.

Je puis dire qu'il y a réussi, non seulement à votre gré, mais certainement aussi, avec l'adhésion de tous les esprits qui ont foi dans l'avenir de l'humanité et qui souhaitent une diffusion de plus en plus générale parmi les hommes des idées de pacification, d'équité et de bonté.

[1] Discours prononcé par le baron de Courcel le 24 mars 1909.

Mais, direz-vous peut-être, c'est là une vision idéale plutôt qu'un programme politique. Sans doute il convient de faire la part de l'idéalisme dans le tableau que M. le Dr Rouire vous a si éloquemment tracé. Surtout, il faut se garder de penser que la méthode qu'il recommande soit toujours facile à appliquer, ni qu'elle doive aboutir, en tous lieux et sous toutes conditions indistinctement, à des résultats immédiats et probants.

Mais s'il s'agit, pour la nation responsable, de choisir entre deux façons de se comporter à l'égard des populations soumises ou dépendantes, l'une consistant à prolonger les procédés de la conquête, l'emploi de la force qui n'admet pas de réplique, la répression rigoureuse de toute tentative de résistance; l'autre, au contraire, tendant à gagner les esprits par la douceur, ouvrant les bras aux vaincus pour les attirer à soi, les conviant au partage des biens dont on se trouve dépositaire, les associant par degrés aux formes d'une civilisation que l'on croit supérieure : alors M. le Dr Rouire n'hésite pas. Il donne hautement la préférence à la manière douce sur la manière forte, et il nous montre, non seulement, par les exemples les mieux consacrés par le temps, mais aussi par les plus récents et les plus appropriés aux conditions modernes, que les moyens de la persuasion et de la bienveillance sont ceux qui promettent les meilleurs fruits et qui, à la longue, produisent les avantages les plus solides.

Assurément, le recours à ces moyens ne doit pas être prématuré. Il serait vain si la puissance qui les applique laissait apercevoir qu'elle est désarmée et si l'on pouvait attribuer à sa faiblesse ou à sa pusillanimité les effets de son libéralisme. Mais la force seule n'est pas un argument, et la crainte, là où elle est l'unique ressort du gouvernement, finit par tout paralyser, au détriment des maîtres non moins que des sujets.

Quelle est la base morale du droit que s'arrogent les nations de l'Europe de troubler dans leur état de possession des populations paisibles, de s'emparer de territoires où, organisées à leur guise, elles vivaient à leur gré, de les asservir à des mœurs nouvelles, de les enchaîner à un travail dont elles ne sont pas appelées à profiter, du moins directement?

Ce problème, qui inquiète nos contemporains, ne se posait même pas pour nos ancêtres. Satisfaits d'exercer leur domination parce qu'ils étaient les plus forts, ils ne regardaient pas plus loin, n'obéissant qu'à la loi de leur intérêt qui n'était même pas toujours bien compris.

Si la supériorité des armements n'est pas, au for de la conscience moderne, une justification suffisante de la domination des uns et de la sujétion des autres, la supériorité alléguée de la civilisation l'est-elle davantage? Qui ne voit à combien d'abus un pareil argument pourrait servir de prétexte? En matière de culture humaine, comme en matière de morale, de philosophie, de religion, chacun s'imagine être en possession de la meilleure recette, chacun s'admire, se voit sur le chemin de la perfection et chacun, au nom de la vérité, se croit le droit, sinon même le devoir, d'être intolérant. Nos prétentions, à supposer qu'elles soient légitimes, seraient malaisées à faire accepter par des peuples dont la civilisation est encore aujourd'hui, dans quelques-unes de ses parties, plus avancée, ou du moins plus raffinée que la nôtre et qui, non sans quelque apparence de raison, nous traitent de barbares. L'Inde et la Perse, dont M. le Dr Rouire vient de nous parler, la Chine et le Japon, qui ne rougissent pas de nous emprunter aujourd'hui beaucoup de nos procédés, sont cependant nos aînés dans la civilisation et auraient de bons titres à faire valoir à l'encontre des nôtres. Le pharisaïsme européen a rendu l'Amérique du Nord et du Sud, sans parler d'autres parties du monde, le théâtre de beaucoup de cruautés et de destructions regrettables. L'extermination des aborigènes y a été souvent poursuivie sans pitié, parfois d'une manière systématique. L'importation des nègres n'a guère donné lieu à de moindres sévices. C'est que l'orgueil de race, accompagné de l'infatuation intellectuelle, ne se sent limité par aucune barrière. Sa prérogative lui semble absolue, quoique tout droit humain, toute vérité humaine ne soient que relatifs. La Science même, cette divinité de notre temps, que nous servons avec fierté, n'arrive qu'à des résultats contingents et provisoires. Précisément parce qu'elle marche toujours, elle n'est jamais fixe.

Une civilisation supérieure, ou réputée telle, ne crée donc pas un titre primordial à la domination ou à l'exploitation d'une race par une autre. On peut en dire autant de cette sorte de dogme ou de paradoxe économique au nom duquel certains auteurs prétendent légitimer l'expropriation d'un territoire dont les habitants ne sauraient pas faire valoir les ressources qu'une industrie perfectionnée est apte à en tirer, et priveraient ainsi l'humanité entière d'avantages qui lui sont dus.

Comme la plupart des données historiques, il faut admettre à titre de prémisses, sans trop chercher à les justifier, les faits de conquête lointaine et de colonisation qui ont amené, non seulement dans le passé, mais de nos jours encore, différentes nations européennes à étendre hors d'Europe leur action sur des populations d'humeur passive ou de médiocre défense.

Bornons-nous à constater, dans cet ordre de faits, un mode d'accomplissement de la loi, providentielle ou fatale, en vertu de laquelle les races diverses qui peuplent la terre, après tant de siècles d'isolement et de mutuelle ignorance, tendent de nos jours, avec un mouvement si remarquablement accéléré, à se rapprocher, à se reconnaitre, à se mélanger. Pour que les iniquités initiales soient pardonnées, ou du moins oubliées, en considération de la fécondité des résultats, il sera désirable que ce mouvement ne soit vicié ni par l'arrogance et l'esprit d'accaparement des uns, ni par les sentiments d'hostilité et de défiance des autres. Si l'impulsion d'une civilisation commune doit graduellement se communiquer à tous, les nations devront non seulement se mêler matériellement, physiquement les unes aux autres, mais s'appliquer à se comprendre, éclaircir les causes de leurs préventions mutuelles, pénétrer en un mot dans leur mentalité réciproque.

Cette pénétration pacifique et bienveillante que M. le Dr Rouire nous recommande chaudement, et dans laquelle il voit à la fois la justification et le but des entreprises coloniales, est-elle impossible à réaliser ? Votre conférencier ne le croit pas, et le si intéressant récit qu'il nous a fait des tentatives diverses de la diplomatie européenne pour obtenir de l'influence sur les états, les plus fermés en apparence, de l'Asie centrale fournit des arguments à l'appui de ses vues optimistes. Le monde musulman même, qu'il connaît bien, et qu'on a cru si longtemps cantonné en un immuable fanatisme, montre dans sa vie intérieure une mobilité insoupçonnée et suit, avec plus d'attention qu'on ne pensait, le développement des idées libérales de l'Occident.

A vrai dire, parmi les problèmes posés à l'entrée de la période historique qui semble s'ouvrir devant nous au début du xxe siècle, le plus délicat et le plus grave est peut-être celui qui naît du rapprochement plus intime opéré de nos jours entre les deux moitiés de l'humanité demeurées, pendant une longue suite de générations, étrangères l'une à l'autre : l'Orient asiatique avec ses antiques traditions et ses immenses réservoirs de population et de main-d'œuvre, l'Occident européen, ou pour mieux dire européo-américain, avec son industrie puissante, ses initiatives ambitieuses, sa passion de domination et de richesse. Sous quelle forme et avec quel résultat final s'exerceront l'action, et surtout les réactions, des deux groupes à l'égard l'un de l'autre? Il est difficile de supposer que l'un parvienne à absorber l'autre. Leur amalgame semble presque aussi chimérique. Assurément, le péril jaune, dont on parle volontiers depuis quelque temps, n'est pas une fable. Mais il est permis d'espérer que les solutions de l'avenir seront obtenues autrement que dans le sang et par les voies de la conquête. Si l'extermination de millions d'hommes est impossible, si la domination, l'exploitation exclusive des uns par les autres paraît également irréalisable, il faudra bien qu'à l'échange des marchandises succèdent et s'associent l'échange amiable de certaines idées, de certaines habitudes communes, la pratique concertée d'une certaine morale, purement commerciale ou diplomatique d'abord, moins rudimentaire ensuite. Déjà, le Japon nous a étonnés par la fougue avec laquelle il s'est jeté dans l'imitation des mœurs et des procédés de l'Europe, nous montrant que l'action de l'avenir ne sera certainement pas unilatérale et que, malgré l'indifférence et l'impénétrabilité apparentes des masses asiatiques, du Céleste Empire par exemple, l'ébranlement, la mise en marche, les pas vers une approximation plus grande, se feront des deux côtés.

Certes, cela ne veut pas dire que l'on doive arriver un jour à la fusion des races, à la confusion des couleurs et des caractères, à l'oubli des traditions, à la disparition des individualités ethniques ou nationales. Un pareil résultat n'est ni possible, ni désirable.

M. le Dr Rouire, après nous avoir donné une relation si complète et si passionnante de la rivalité des Anglais et des Russes dans l'Asie centrale, nous a fait voir le tableau plus consolant de leur réconciliation par la très sage et très prévoyante convention du 30 août 1907. Il nous a fait comprendre les avantages que ces deux peuples et les puissances européennes en général pourraient retirer, pour la solution des questions asiatiques, d'une politique concertée à l'avance dans un esprit de transaction et de commune entente. L'Angleterre, depuis l'avènement du prudent et très avisé souverain Edouard VII, paraît disposée à s'orienter dans cette direction. Elle a longtemps inquiété les autres nations par une ambition qui paraissait insatiable. Si l'Europe, avec son concours, pouvait substituer les inspirations d'une émulation pacifique à celle des anciennes rivalités internationales, l'action européenne en Asie serait à la fois plus facile et plus féconde.

Je ne sais si les Etats-Unis d'Europe sont, comme plusieurs l'imaginent, en voie de formation. Mais la force expansive et la propagande civilisatrice des peuples de cette partie du monde gagneraient sensiblement en ampleur et en efficacité, s'ils donnaient l'exemple d'oublier leurs divisions locales et s'ils rassuraient le reste de l'humanité en reniant chez eux-mêmes l'esprit d'usurpation et de conquête, s'ils savaient se défaire aussi des préjugés de race et de l'intolérance religieuse ou anti-religieuse qui trop souvent encore troublent leur politique intérieure ou extérieure, et qui demeurent comme une barrière presque infranchissable, qui créent une quasi-impossibilité de se comprendre, entre l'Occident et l'Orient.

Les philosophes du XVIIIe siècle avaient attaché à la seule qualité d'homme une dignité prééminente, et dans ce sentiment ils voulaient que rien de ce qui peut toucher un de nos semblables ne parût étranger à tous les autres. C'était là, en réalité, la traduction en langage séculier du vieux principe chrétien de la vocation des gentils, de l'appel de toutes les nations au partage des biens suprêmes. Depuis cet âge de la philanthropie, il s'est produit des régressions qui ont dérangé la marche de l'humanité. Le principe des nationalités, arbitrairement interprété, plus arbitrairement appliqué, a été une semence fertile de violences et de rancunes. Il a condamné les nations à l'isolement et à l'inimitié. Les Français, qui en ont beaucoup souffert, ne peuvent oublier que pendant plus d'un siècle l'histoire a été enseignée à leurs dépens dans les universités prussiennes, qu'on s'y est appliqué à les séparer du souvenir et de la tradition de leurs fondateurs de race germanique, à les représenter comme enlisés dans les formules décrépites de la culture romane, à les vouer ainsi au mépris et à l'antipathie de la jeunesse allemande; que de cette façon enfin, sous le masque serein de la science, ont été justifiées d'avance les agressions et préparés les démembrements.

Dans un des passages les plus curieux et les plus frappants de son exposé, M. le Dr Rouire nous a indiqué qu'à l'origine de la rivalité de la Russie et de l'Angleterre en Asie s'était trouvée une action de la France, une pensée de Napoléon. Il vous a donné à ce sujet, Messieurs, des détails peu connus, mais extrêmement intéressants. Il aurait pu les compléter encore s'il vous avait raconté tout ce qu'il sait à ce sujet.

Personne n'ignore que Napoléon, au cours de l'expédition d'Égypte, a songé à diriger une attaque contre la puissance anglaise dans les Indes. Mais ce projet n'est considéré en général que comme une fantaisie passagère et chimérique, et reste noyé dans le vague de la légende. Les détails que rapporte M. le Dr Rouire prouvent, au contraire, que le plan de Napoléon avait été très sérieusement préparé et que l'idée d'une expédition aux Indes a longtemps persisté dans son esprit. Tout d'abord, il avait voulu attaquer l'Inde anglaise par mer, suivant la tradition de l'ancienne rivalité maritime entre les deux nations. La destruction de la flotte française à Aboukir avait tourné ses idées d'un autre côté. Grâce à son alliance avec l'empereur Paul, il avait médité de prendre les possessions anglaises à revers, par le Nord, en partant d'Orembourg et d'Asterabad. Les routes étaient étudiées, la marche des armées franco-russes combinée, le tout avec cette précision extraordinaire que Napoléon apportait dans la préparation de ses campagnes.

Après l'assassinat de l'empereur Paul, Napoléon chercha son point d'appui en Perse. Il y envoya le général Gardanne. Cette mission est suffisamment connue en diplomatie et en histoire. Cette mission Gardanne présenta au Shah un traité par lequel la

France garantissait à la Perse l'intégrité de son territoire et lui fournissait des armes, des ouvriers et des officiers. La Perse promettait en retour de déclarer la guerre aux Anglais et de s'entendre avec l'Afghanistan, de manière à ouvrir le chemin à une armée française, en cas d'expédition contre l'Hindoustan.

Le Traité de Tilsitt, qui faisait de la France l'alliée de la Russie, alors ennemie de la Perse, coupa court à ces pourparlers. L'Angleterre, trouvant la place nette, en profita pour envoyer auprès du Shah sir Gore Ouseley, qui sut acquérir une influence prépondérante à la Cour de Téhéran. D'autres missions, confiées à Elphinstone, au capitaine Grant, au lieutenant Pottinger, permirent à l'Angleterre de se garantir, au point de vue stratégique, du côté de l'Afghanistan et de nouer avec les principaux chefs du Bélouchistan des relations d'alliance et d'amitié.

Il semblait donc qu'une expédition française aux Indes fût désormais sans issue possible et que ce projet dût être définitivement abandonné par Napoléon. Il n'en fut rien cependant. Avec la fertilité de ressources que mettait à sa disposition une imagination toujours en travail, l'Empereur transforma son plan favori, et chercha à le réaliser sur de nouveaux frais. M. le Dr Rouire n'a pas reproduit dans sa conférence de ce soir le récit, pourtant très pittoresque, de cette dernière tentative de Napoléon ; mais je le trouve dans le petit volume que je vous ai signalé précédemment et qui traite de la rivalité anglo-russe en Asie au XIXe siècle. Je vous demande la permission de vous lire quelques extraits de cet excellent ouvrage. M. le Dr Rouire y retrace le curieux épisode qui, par un singulier concours de circonstances, mit aux prises, dans les plaines de la Mésopotamie, la fortune de Napoléon avec les intrigues d'une nièce de William Pitt, l'ambitieuse et bizarre lady Esther Stanhope.

Déjà Lamartine avait consacré à cet épisode des pages brillantes de son voyage en Orient, et vous les avez peut-être lues, quoique l'auteur soit un peu passé de mode parmi les jeunes générations. Il devait ses renseignements aux confidences qu'il avait reçues de lady Esther elle-même, alors que, vieillie et désanchantée, elle s'était retirée dans les solitudes du Liban.

Voici ce qu'en dit à son tour, en très bon langage aussi, et avec plus de précision historique, M. le Dr Rouire :

« Ayant occupé les principaux points stratégiques du littoral de l'Océan Indien et ayant fait entrer dans leur alliance la Perse, l'Afghanistan et le Béloutchistan, les Anglais comptaient bien avoir fermé toutes les voies d'accès, soit maritimes, soit terrestres, vers l'Hindoustan et avoir pris toutes les mesures nécessaires à la sécurité de leur domination, quand tout se trouva remis en question par un événement extraordinaire et si vraiment étrange qu'il mérite bien d'être noté ici, d'autant qu'il est très mal connu, que les historiens en Europe l'ignorent et qu'on en chercherait vainement l'indication dans les ouvrages les plus récents sur l'Asie centrale et l'Inde.

« En même temps que Napoléon envoyait Gardanne à Téhéran, il avait chargé un ancien chevalier de Malte, Louis de Lascaris-Vintimille, d'une mission secrète en Syrie. Lascaris devait apprendre l'arabe, entrer en relations avec les Bédouins, dénombrer leurs tribus, se ménager parmi eux des alliances jusqu'à la Mésopotamie et au golfe Persique, les grouper en une vaste confédération indépendante de toute sujétion à l'égard de la Sublime Porte, et créer ainsi une organisation en mesure de tenir ouverte à l'Empereur une route sur l'Afghanistan, le Bélouchistan et l'Inde.

« Lascaris, ayant su capter la confiance d'Ebn-Chalan, chef de la plus importante tribu du pays, qu'on avait surnommé l'exterminateur des Turcs parce qu'il avait battu le pacha de Bagdad, lui laissa entrevoir l'alliance et la venue prochaine du grand empereur d'Occident, et lui persuada de se mettre à la tête d'une vaste confédération de tribus arabes pour être mieux à même de le recevoir. Ebn-Chalan était un homme de haute valeur, il écouta les conseils de Lascaris...

« On en était là, lorsqu'une nouvelle incroyable, grossie de bouche en bouche à travers le désert, parvint à Lascaris et à Ebn-Chalan, laquelle, si elle était exacte, remettait tout en question.

« On racontait qu'une princesse anglaise, la fille même du roi, parcourait la Syrie avec une suite nombreuse, des richesses immenses qu'elle prodiguait en cadeaux et en fêtes coûteuses; que le pacha de Damas se multipliait autour d'elle, au point qu'on ne savait plus s'il la protégeait ou lui obéissait, et qu'elle avait détaché les Hanezès de leur alliance récente avec les Chammars, ruinant ainsi toutes les combinaisons de l'envoyé français et d'Ebn-Chalan. Ce dernier et Lascaris se hâtèrent vers la Syrie. Le plus étonnant c'est que la nouvelle se trouva vraie... » ou presque.

« Sans doute l'Anglaise n'était pas la fille du roi britannique, mais c'était une fort grande dame, puisqu'elle n'était rien moins que la petite-fille du célèbre lord Chatham, premier ministre de la Couronne pendant la guerre de sept ans, et la nièce de William Pitt, premier ministre aussi, celui-là même qui avait voué à la France une haine à mort, et avait organisé contre elle toutes les coalitions européennes de la fin du XVIIIe siècle et du commencement du XIXe. Bien mieux, elle avait été l'auxiliaire et la plus fidèle collaboratrice de son oncle, avait pris la direction de sa maison et presque partagé avec lui l'exercice du pouvoir, au point que le roi disait à Pitt qu'il avait un ministre meilleur que lui et qui était sa nièce, lady Esther Stanhope : ce dont convenait Pitt avec orgueil.

« Ayant perdu son oncle en 1806, puis le même jour en 1809, son frère et son fiancé, tués à la même bataille contre les Français en Espagne, lady Esther Stanhope avait dit adieu à l'Angleterre sans espoir de retour et s'était embarquée pour le Levant avec l'intention de s'y créer une nouvelle vie. Elle rêvait de révolutionner l'Orient et de s'y tailler un empire, soit en Arabie, soit en Syrie...

« Vêtue en Arabe, armée du yatagan qu'elle remplaça plus tard par une masse d'armes, du poignard et de pistolets, elle fit au printemps de 1812 une entrée triomphale en Syrie, parcourut avec toute sa suite les villes et les campagnes et vit accourir à elle les populations avides de voir cette princesse lointaine, chrétienne et déjà orientale d'aspect, par qui allaient sans doute se réaliser les mystérieuses prophéties. A Tadmor, aux ruines de l'ancienne Palmyre, 50.000 Bédouins assemblés acclamèrent comme une reine la prophétesse venue d'Occident, pendant que des jeunes filles, juchées en statues sur les piliers encore debout du temple du Soleil, lui lançaient des gerbes de fleurs, et chantaient ses louanges. Le pacha de Damas fut subjugué ; le chef des Hanezès devint son agent ; et, quand Lascaris arriva aux environs de Damas, elle le convoqua impérieusement comme ferait un roi pour son sujet. Lascaris, inquiet, obéit. Étrange rencontre, en vérité, et bien caractéristique de cette génération si féconde en surprises, que celle de la nièce de Pitt et de l'agent de Napoléon, de l'Anglaise habillée en homme et du Français qui autrefois s'était fait moine chevalier, tous deux devenus Arabes et cherchant à contrecarrer leurs projets ennemis à la lisière du désert.

« L'entrevue fut, comme bien on pense, sans résultats. Ebn-Chalan approchait avec les Chammars, brûlant de venger dans le sang la déloyauté des Hanezès et de battre le pacha de Damas comme il avait battu le pacha de Bagdad. On allait en venir aux mains, quand un facteur nouveau intervint dans la lutte d'influence qui se jouait entre l'Angleterre et la France aux confins de la Syrie et imprima à cette lutte des proportions formidables. C'étaient les Wahabites qui arrivaient en masse, fin décembre 1812, du centre de l'Arabie. Ils étaient 150.000 guerriers.

« Pour résister à ce torrent, Ebn-Chalan fit appel à tous ses alliés et concentra en peu de temps 65.000 Bédouins entre Hama et Homs, sur l'Oronte. De son côté, le pacha de Damas amena une armée de 15.000 soldats turcs, albanais, syriens et égyptiens. La lutte fut acharnée. Pendant trente-sept jours consécutifs, Arabes, Bédouins et Osmanlis essayèrent vainement de forcer les retranchements derrière lesquels ils s'abritaient en face les uns des autres. Le trente-huitième jour, les Wahabites réussirent à pénétrer dans le camp turc ; les Bédouins et les Osmanlis se réfugièrent derrière l'Oronte. Ainsi 230.000 hommes se livrèrent une bataille inconnue au moment même où, dans les plaines saxonnes, des centaines de milliers d'autres hommes allaient jouer le sort de l'Europe. Partout la politique de Napoléon est présente, en Arabie comme en Allemagne.

« S'il faut en croire le récit de Fatalla qu'a publié Lamartine, une offensive adroite prise par Ebn-Chalan mit les Wahabites en déroute quand ils se croyaient sûrs de la victoire. La fin est très brève. Les Wahabites rentrèrent dans le Nedjed, et lady Esther Stanhope se retira au mont Liban, où elle vécut jusqu'à sa mort, en 1839, dans un isolement farouche. Quant à Ebn-Chalan, il revint en triomphateur sur le Tigre et l'Euphrate. Les Hanezès lui jurèrent à nouveau fidélité. Le pacha de Damas devint son allié. Toutes les tribus bédouines entrèrent dans la confédération qu'il dirigeait. Accompagné de Lascaris, il poussa même plus loin qu'il n'avait jamais été, et longeant le littoral du golfe Persique, il alla jusqu'au Mékran, aux frontières du Béloutchistan et de l'Afghanistan, compléter ses alliances. Saoud lui-même, le roi des Wahabites, signa avec Ebn-Chalan un traité de paix et d'alliance. D'Alep à l'Inde, la route était libre, prête au passage du conquérant impérial. Le consul français à Bagdad, Raymond, put s'en assurer lui-même et pousser un voyage d'études et d'explorations dans le Béloutchistan, et Lascaris, arrivé en avril 1814 à Constantinople, put annoncer à l'ambassadeur français, Andréossy, le succès de ses combinaisons. Perdue en Europe, la partie engagée par Napoléon était gagnée en Asie, aux portes de l'Afghanistan et de l'Inde. »

C'est assurément un chapitre de roman que l'on croit lire lorsqu'on découvre dans l'ouvrage si sérieux de M. le Dr Rouire ce récit de guerres et d'aventures.

Si je me suis permis de vous offrir cet intermède, Messieurs, c'est qu'à côté de l'Angleterre et de la Russie je voudrais vous parler un peu de la France. Son action, vous l'avez vu, est marquée à l'origine même de la rivalité anglo-russe en Asie ; mais elle a presque disparu depuis l'époque napoléonienne, au moins sous la forme de menace dirigée contre l'Inde anglaise. Cependant il ne faut pas en conclure, du moins je ne veux pas en conclure, que la France ait renoncé à tout jamais à jouer un rôle dans ces grands problèmes que je vous signalais tout à l'heure, et qui, à mon avis, sont les plus graves de l'avenir prochain, ceux qui se joueront, se dénoueront peut-être ou se prolongeront dans l'Asie et dans les mers qui baignent l'Asie.

L'épisode de l'attaque projetée sur l'Inde par Napoléon n'est, en somme, qu'un des épisodes de la vieille lutte que l'Angleterre et la France ont soutenue l'une contre l'autre pour se disputer la prééminence maritime et en particulier la maîtrise de la Méditerranée.

La Méditerranée était autrefois l'arène où joutaient les puissances navales, et c'était là surtout que se tranchaient les questions de prééminence maritime. Depuis la guerre de la Succession d'Espagne, depuis la prise de Gibraltar en 1704, jusqu'aux dernières années du XIXe siècle, pendant deux siècles bien complets, l'Angleterre a fait tous les efforts possibles et imaginables pour conquérir la Méditerranée, où autrefois le pavillon français avait seul flotté en maître. Elle a réussi ; elle est aujourd'hui dominatrice incontestée de la Méditerranée, et personne, à côté d'elle, ne pourrait lui disputer la maîtrise d'une mer où elle possède ou neutralise toutes les positions de combat.

L'éclat prestigieux qu'a laissé la mémoire de Napoléon envahit tellement nos imaginations que nous croyons volontiers que les guerres de Napoléon contre l'Angleterre ou de l'Angleterre contre Napoléon sont un épisode isolé tenant à l'ambition d'un homme ou à des circonstances malheureuses qui auraient pu être écartées si on avait été plus habile, plus prudent, plus modéré.

C'est une opinion qui n'a certainement pas cours ici, où tout le monde garde le souvenir des admirables leçons de Sorel, où tout le monde a lu ses beaux livres et sait, par son enseignement, que les guerres de l'Angleterre contre la Révolution et contre l'Empire français n'ont été qu'une suite logique des guerres de l'Angleterre contre Louis XIV, des guerres de la Succession d'Espagne, de la guerre de Sept ans et de toutes les guerres intermédiaires qui ont occupé le XVIIIe siècle et se sont perpétuées jusque dans le XIXe.

Il faut envisager ces questions dans leur ensemble, et puisque la question de la Méditerranée est aujourd'hui résolue en faveur de l'Angleterre, cela ne veut pas dire que ses rivaux d'autrefois, ses amis d'aujourd'hui, doivent renoncer vis-à-vis d'elle à une émulation légitime dans leurs entreprises sur d'autres points du globe. Certainement l'Angleterre, avec toute sa puissance, toute son ambition et toute son habileté politique, car c'est assurément le peuple le plus politique des temps modernes, ne peut pas aspirer à diriger seule le mouvement asiatique. Il y a là de trop grosses masses à remuer, et des puissances trop considérables sont déjà entrées en jeu, pour que l'on puisse former une telle supposition.

Si la Méditerranée n'est plus l'arène, ou l'enjeu des grands combats, comme au XVIIIe siècle, une autre mer plus vaste est peut-être appelée à une destinée semblable, et verra se dérouler, dans l'avenir, des luttes qui auront la même signification, une origine pareille, avec des résultats qu'il est impossible de prévoir quant à présent. Espérons du moins que ces luttes ne seront pas nécessairement sanglantes.

Vous avez compris que je voulais parler de l'océan Pacifique, et que je le crois destiné à jouer dans l'avenir un rôle semblable à celui que la Méditerranée a joué dans le passé. Mais là ce ne seront plus les puissances européennes seules qui se trouveront en présence. Aujourd'hui déjà deux grandes puissances navales, qui n'appartiennent pas à l'Europe, sont entrées en lice : le Japon et les États-Unis.

Il y a quelques semaines, me trouvant sur le canal de Suez, j'étais témoin de l'émotion, de l'admiration prolongées qu'avait produites, quelques jours auparavant, le retour de la flotte américaine. Cette belle flotte, très bien équipée et commandée, avec ses navires de gros calibre, s'était engagée dans le canal de Suez, et ses puissantes unités, à la file, étaient toutes passées sans accident. Pendant deux ou trois jours, elles avaient traversé de la mer Rouge à la Méditerranée, donnant le spectacle d'une force maritime redoutable, maniée par des hommes qui savaient la diriger, en disposer et la mettre à l'abri des périls, les plus ordinaires même de la navigation.

Quant au Japon, vous savez la manière dont il a accru sa puissance coloniale tout autour de son archipel, sa prise de possession de l'île Formose, son extension au nord du côté de la Russie. L'Europe — je dis l'Europe, car je ne sais pas quelles seront les puissances qui la représenteront, peut-être des puissances rivales, peut-être des puissances réconciliées et amies — l'Europe viendra dans le Pacifique comme partenaire, mais non avec la prédominance à laquelle elle avait été habituée jusqu'ici.

Je crois donc avoir le droit de dire qu'avec le XXe siècle se lève l'aurore de toute une nouvelle période historique, dans laquelle l'Europe jouera sa partie, mais sa partie seulement, et où elle trouvera vis-à-vis d'elle des concurrents, des rivaux, — j'espère que ces rivaux ne seront que des émules et non des ennemis — avec lesquels elle devra compter.

Ainsi s'annoncent, je le crois, des problèmes que nous ne pouvons pas résoudre dès aujourd'hui, mais dont nous pouvons entrevoir la grandeur et, dans une certaine mesure, pressentir les conséquences.

Beaucoup d'entre vous, Messieurs, ont eu le plaisir d'entendre cet admirable explorateur, M. Sven Hedin. Il a fait un voyage absolument étonnant dans le Thibet, et il a bien voulu en raconter, à Paris, dans une réunion à la Sorbonne, et plus tard dans un banquet offert par la Société des Études Asiatiques, quelques péripéties. Ce qui ressort de ses paroles, c'est que, dans l'intérieur de l'Asie, certaines contrées, dont la possession aura la plus grande influence sur les destinées de l'Asie et peut-être sur celles des peuples européens, des contrées couvrant d'énormes espaces, sont encore inconnues. Vous avez entendu M. le Dr Rouire vous parler du rôle important qui est échu au Thibet dans la rivalité anglo-russe. Il vous a signalé l'entrée en ligne de la Chine, qui a imposé aux deux puissances européennes rivales l'obligation de reconnaître sa souveraineté — non seulement son protectorat — sur le Thibet. Elle a pris, dans ce pays, appelé à tenir une grande place dans les rapports entre la Russie et l'Angleterre, une attitude trop nettement déclarée pour que, des divers contacts que cette situation implique, ne naissent pas encore de nouveaux problèmes sur lesquels je laisse votre imagination broder et qui nous amèneront, nous ou nos descendants, à voir beaucoup de choses inattendues.

Je vous disais, Messieurs, après avoir parlé de l'intervention de Napoléon à l'origine de la rivalité anglo-russe, que la France, tout en ayant momentanément disparu de ce champ d'action, se réservait cependant de reparaître et n'abdiquait pas son rôle dans les affaires de l'Asie, consciente que l'histoire de l'avenir se fera peut-être plus encore sur les rives du Pacifique, ou sur celles des grands fleuves asiatiques, que sur les rives de la Méditerranée ou de tel fleuve européen.

La France a la bonne fortune d'occuper dans le Pacifique deux positions de premier ordre. D'abord Madagascar, position merveilleuse entre l'Asie, l'Australie et l'Afrique. Je souhaite que nous puissions toujours la défendre, car elle est si belle que très certainement des puissances qui arriveraient à être maîtresses du Pacifique comme l'Angleterre est aujourd'hui maîtresse de la Méditerranée, auraient une bien grande tentation de s'en emparer.

La seconde, qui a aussi besoin d'être défendue, est l'Indo-Chine. Nous devons de la reconnaissance à ces marins français qui, au retour de l'expédition de Chine de 1860, ont eu l'idée d'aborder à Tourane d'abord, à Saïgon ensuite, et d'y planter le drapeau tricolore. Ils reprenaient d'ailleurs une veille tradition, car nos relations avec l'Annam, la Cochinchine, le Tonkin remontent au moins à Louis XIV, relations créées ou entretenues par nos missionnaires et nos marins. Et lorsque l'amiral Rigault de Genouilly proposa au gouvernement français la prise de possession de la Basse-Cochinchine, il a certainement obéi à une inspiration, j'allais dire de génie, — peut-être n'en a-t-il pas connu dès l'origine toute la portée — mais qui a pour l'avenir une importance considérable.

Nos possessions d'Indo-Chine se sont développées par la force des choses plus encore que par la volonté des hommes. Si vous lisez l'histoire de l'Indo-Chine française, la prise de possession du Tonkin, les revendications que la Cochinchine elle-même nous a imposées, la guerre qu'elle nous a amenés à faire au Siam et qui nous a mis à deux doigts d'une brouille complète avec l'Angleterre, vous constaterez sans peine qu'une succession fatale d'événements nous a entraînés plutôt que la prévision des politiques ne nous a guidés. Nous en sommes venus ainsi à constituer entre la Chine et l'Inde un domaine colonial de grande importance, qui peut servir dans le Pacifique de point d'appui à nos forces maritimes et qui, d'autre part, vers le continent asiatique, nous donne des ouvertures précieuses. N'oublions pas, en effet, que le nord de nos possessions en Indo-Chine touche aux approches du grand Fleuve Bleu, le Yang-Tse-Kiang, artère principale de la Chine méridionale, et que nous n'y sommes pas très éloignés de la province de Se-tchouen, la plus productive et la plus riche des provinces chinoises. Il y a donc là pour notre commerce, pour notre puissance navale, pour notre initiative, même purement diplomatique, une base d'action dont la valeur est incomparable.

Je crois que le rôle de la France, si les Français sont à la hauteur des devoirs qui semblent leur avoir été tracés par la Providence, peut être très grand dans le partage intellectuel et économique, dans la suprématie morale, dans l'action civilisatrice à exercer sur le continent et les mers asiatiques.

Saurons-nous profiter de ces éléments de premier ordre? Je trouve que ces questions ont pour tous les Français un intérêt extrême, et c'est pourquoi, Messieurs, quand les organisateurs de cette soirée m'ont parlé de venir me présenter devant vous à côté de M. le Dr Rouire, sachant de quoi il vous entretiendrait, j'ai accepté avec empressement l'occasion d'insister, avec ma vieille expérience d'homme qui a longtemps manié les affaires diplomatiques de son pays, sur l'importance de cette phase nouvelle que je vois s'ouvrir devant notre diplomatie et notre politique.

Je voudrais que tous ceux qui m'écoutent fissent entrer en ligne de compte dans leurs études, dans leurs aspirations, dans l'influence personnelle qu'ils pourront exercer plus tard, la grandeur du rôle qui nous est dévolu si nous savons rester à la hauteur de notre tâche.

Voilà ce que je me proposais de vous dire ce soir. Les paroles que je viens de vous faire entendre n'impliquent pas que je tourne le dos au passé, que j'oublie le grand rôle que nous avons joué et que nous devons jouer encore dans les choses européennes. Mais une nation qui veut rester grande doit s'occuper des choses qui seront demain la préoccupation des autres grandes nations du monde.

Il y a eu deux ou trois siècles de l'histoire moderne pendant lesquels on a été grande puissance dans la mesure même de l'intérêt que l'on portait aux choses de l'Orient — ce qu'on appelait alors l'Orient tout court, c'est-à-dire les pays du Levant méditerranéen, l'Empire Ottoman et ses dépendances.

Un jour une certaine puissance, très amie de l'empereur Napoléon III, avait exprimé — c'était le moment où l'empereur avait le plus de prestige en Europe — le désir d'obtenir par lui d'être placée au rang des grandes puissances. L'empereur, avec cette longanimité qu'il avait et cette difficulté qu'il éprouvait à refuser les demandes qu'on lui soumettait, avec son désir aussi d'user de sa puissance pour contenter les aspirations populaires de toutes les nations, l'empereur fit effectivement des démarches auprès des différents gouvernements qui étaient alors en possession reconnue de ce titre de grande puissance. Le chef d'un des principaux cabinets de l'Europe, homme d'Etat de grande autorité et de beaucoup d'esprit, répondit : « On ne passe pas grande puissance par nomination. On le devient par la force des événements, par la part active que l'on prend aux grandes affaires de ce monde. Il se trouve aujourd'hui que les grandes puissances sont celles qui ont négocié les actes qui règlent les destinées de l'Empire ottoman. Ce sont les signataires des grands traités européens. »

A cette époque, en effet, c'est parce qu'on s'occupait avec voix délibérative des affaires de l'Empire ottoman que l'on était considéré comme une grande puissance. Aujourd'hui, demain, après-demain, dans des années et après des générations peut-être, on sera grande puissance en proportion de l'influence, de l'autorité morale, et peut-être matérielle, que l'on pourra avoir dans le Pacifique.

Je souhaite, Messieurs, que la France, dans l'avenir, en Asie, reste toujours une grande puissance, comme elle l'a été jusqu'ici en Europe. (*Applaudissements prolongés.*)

III

LA TRANSFORMATION DE LA CHINE

DISCOURS DE M. DOUMER

DÉPUTÉ

ANCIEN GOUVERNEUR GÉNÉRAL DE L'INDO-CHINE

CONFÉRENCE DE M. JEAN RODES

RÉDACTEUR AU « TEMPS », CHARGÉ DE MISSIONS EN CHINE

PAR LA SOCIÉTÉ DE GÉOGRAPHIE DE PARIS

Messieurs [1],

On a commencé à parler de la modernisation de la Chine au lendemain de la guerre russo-japonaise. Cette modernisation s'est imposée à l'attention du monde par l'envoi des deux grandes missions militaires de 1905 et par des télégrammes de correspondants anglais qui reproduisaient des textes de décrets impériaux relatifs surtout à la préparation de lois constitutionnelles. Ces décrets n'étant accompagnés d'aucun commentaire critique, on leur a attribué la même importance qu'à des décisions de gouvernements européens.

Ce commentaire critique était pourtant indispensable, car nous avons affaire à une race profondément différente de la nôtre, tellement différente que ceux qui ont voulu donner à l'histoire humaine une source unique ont dû remonter pour ainsi dire au commencement du monde. C'est ainsi que l'orientaliste La Couperie a émis cette hypothèse, que les Chinois étaient partis de la Chaldée vers l'est, contrairement aux autres migrations qui ont eu lieu vers l'ouest. Les « Cent familles » arrivant enfin dans les plaines très riches et très arrosées de la Chine se sont développées à l'abri des hautes montagnes de

[1] Conférence faite le 10 février 1909 par M. Jean Rodes.

l'Himalaya, du plateau de Pamir et des déserts du nord loin de nos convulsions occidentales et ont pu atteindre un degré de civilisation avancé bien avant nous.

Nous n'avons eu d'autre contact avec cette civilisation, que des contacts de commerce ou de guerre. La Chine nous restait fermée. Aussi le Chinois a une mentalité, une sensibilité profondément différentes des nôtres ; il y a, pour lui, une autre échelle psychologique et, de lui à nous, on se trouve en présence d'une véritable transmutation des valeurs. C'est Taine qui a dit, dans son *Introduction à l'histoire de la littérature anglaise* que si l'astronomie était un problème de mécanique, la physiologie un problème de chimie, l'histoire était un problème de psychologie.

Pour pouvoir juger des manifestations politiques de la Chine, il faudrait donc étudier le Chinois chez lui, dans son milieu. Il est en effet très difficile, sinon impossible, à un esprit européen, dont les mobiles sont toujours très discernables, de suivre l'âme chinoise dans tous ses détours. C'est pourquoi, en ce qui concerne le mouvement moderniste actuel, il est presque impossible à l'Européen de faire la part de l'engouement puéril et factice, la part de la pression des événements, et aussi la part indéniable de sincérité. Il convient donc d'être très circonspect dans le jugement des manifestations de la politique chinoise. Néanmoins, on peut toujours faire des constatations, établir des faits. C'est la méthode que j'ai toujours suivie et dont je m'inspirerai aujourd'hui.

Je parlerai d'abord des réformes et du gouvernement chinois, ensuite des réformes elles-mêmes et enfin des réformes et du peuple chinois. Le sujet est extrêmement vaste et je serai forcé de passer rapidement sur des points importants qui mériteraient d'être longuement développés, mais je ne puis dépasser les limites qui me sont assignées.

***

Le gouvernement chinois a adopté un programme de modernisation aussitôt après la guerre russo-japonaise. Nous en avons su quelque chose lorsque nous avons vu venir en Europe les deux grandes missions chinoises dont on se souvient.

Ce mouvement réformiste a été assez intense et assez général. Il a été marqué, en 1904, par les lois sur l'enseignement, par des lois sur l'armée, par l'envoi des missions dont je parlais tout à l'heure et enfin par le premier décret relatif aux lois constitutionnelles qui date de l'automne 1906.

Mais, dès ce moment, il y a eu, à la cour, un mouvement secret de réaction. Ce mouvement a triomphé d'une façon incontestable à la fin de 1906, après le retour des missions à l'étranger. La marque la plus tangible de cette volte-face a été la première disgrâce du vice-roi du Pe-tchi-li, Yuan Chi Kaï : il venait de commander, pour la deuxième fois, les grandes manœuvres.

Yuan Chi Kaï, rentré dans sa vice-royauté, y tombait presque aussitôt en disgrâce. On lui conservait sa vice-royauté, mais on lui enlevait des directions très importantes, celle des chemins de fer, celle des finances, celle de l'armée du Nord, qu'il avait organisée lui-même, et des écoles militaires qu'il avait créées.

Ce mouvement de réaction dura quelques mois ; il cessa lorsque le vice-roi de Canton, Tsen Tchoen Hien, qui était également acquis au mouvement moderniste, vint à Pékin, au printemps de 1907.

Ces mouvements d'action moderniste ou de réaction du gouvernement chinois sont d'autant plus surprenants qu'ils ont parfois — ou qu'ils semblent avoir — des mobiles extrêmement infimes.

Tsen est un homme extrêmement violent, volontaire et résolu. Il arrivait très mécontent, car il avait été déplacé de la vice-royauté de Canton et il était envoyé à la vice-royauté du Se-tchouen. Il avait même reçu l'ordre de ne pas se présenter au souverain après sa nouvelle nomination. Arrivé à Hankéou, il profita du chemin de fer récemment inauguré et il fut rapidement à Pékin. Du jour de son arrivée, il devint le grand favori. Dès la première audience qu'il obtint de l'impératrice, il fit, à la cour, la pluie et le beau temps. Il en profita immédiatement pour lancer des dénonciations — c'est la méthode politique chinoise, par excellence — et l'impératrice lui fut entièrement acquise. Il fit faire des nominations nouvelles. Mais surtout il voulut réformer la Chine, en réformant l'administration et en s'attaquant à l'improbité des administrateurs. Il jugeait que le maître de cette improbité était le prince Tsing. Il fit lancer une accusation de concussion et de vente de fonctions contre ce dernier. Cela provoqua une grande émotion à la cour ; l'impératrice douairière ordonna une enquête.

Il s'agissait de la vente du gouvernement de Helong-kiang pour 100.000 taëls, et le banquier qui avait fourni l'argent à l'acquéreur était un habitant de Tien-tšin. L'enquête, de pure forme, conclut à l'innocence du prince. Mais celui-ci fut vivement blâmé par l'impératrice.

Yuan Chi Kaï, très habilement, s'était, dans cette affaire, mis du côté de Tsing qui, étant le président du Grand Conseil, et le doyen de la famille impériale, avait une influence qu'il était très difficile de lui enlever. A partir de ce moment, tous les deux eurent partie liée et remontèrent peu à peu en faveur, l'un aidant l'autre, Tsing déclarant à l'impératrice douairière que Yuan Chi Kaï était un homme précieux pour l'empire et Yuan Chi Kaï déclarant dans des rapports que Tsing était l'homme dont on ne pouvait se passer.

Lorsque Yuan Chi Kaï, grâce, à cette habile diplomatie, revint en faveur, au cours de l'été de 1907, des attentats révolutionnaires eurent lieu qui épouvantèrent la cour. Il y eut, notamment, l'assassinat du gouverneur de Ngan-king par un fonctionnaire. Ce dernier, d'ailleurs, après son crime, fut lui-même mis à mort. Mais la presse chinoise, notamment celle de Changhaï, très réformiste, se faisait un jeu d'annoncer à tout moment des assassinats, des arrivées de révolutionnaires du Japon, et leur entrée à

Pékin. La cour fut affolée au point que l'on mit des troupes en permanence autour du Palais d'Eté où se trouvaient alors les souverains.

Cette crainte, et aussi le crédit de Yuan Chi Kaï, qui remontait peu à peu, déterminèrent un nouveau mouvement en faveur des réformes. Au mois de septembre, le vice-roi du Pe-tchi-li était appelé à Pékin, nommé membre du Grand Conseil et président du Wai-wou-pou.

On a dit que Yuan Chi Kaï avait été appelé à Pékin pour être mis sous la surveillance de la cour, parce qu'on le redoutait. Je crois que cela est faux. J'étais à ce moment-là dans le nord de la Chine, et il est incontestable, d'après la presse chinoise, qui mentionna tous les progrès de l'intrigue du vice-roi novateur et de Tsing, que cet appel à Pékin consacrait un retour en faveur.

Il est vrai, par contre, que tout en l'élevant au Grand Conseil, on se garda bien de lui rendre le commandement de l'armée. En Chine, les choses ne vont pas d'une façon aussi claire et nette qu'en France. En même temps que l'on comblait Yuan Chi Kaï de charges et d'honneurs, on prenait des précautions contre lui et c'en était une évidemment que de ne pas lui donner le pouvoir militaire.

A la suite de ce revirement réformiste, des conflits extérieurs ont absorbé le gouvernement chinois, difficultés avec le Japon pour des chemins de fer en Mandchourie, avec la Compagnie anglaise concessionnaire du chemin de fer de Tche-kiang, encore avec le Japon au sujet du bateau *Tatsou-*

mari, qui transportait des armes, et avec nous, à la suite des incidents de la frontière de Yunnan ; tous ces conflits firent passer la politique intérieure au deuxième plan. Néanmoins on peut dire que, pendant toute l'année dernière, le mouvement moderniste n'a pas subi de recul.

La mort de l'empereur et de l'impératrice douairière semble avoir changé cette orientation.

Lorsque j'étais en Chine, il est certain que le Régent actuel, père du nouvel empereur, passait pour appartenir à la réaction. On a dit récemment qu'il était très moderniste, on s'est basé sur son voyage en Europe pour en conclure qu'il était partisan du progrès européen. Mais on ne peut pas oublier qu'au moment où s'est engagée la lutte entre les trois partis qui se disputaient l'influence à la cour : les Mandchous conservateurs, les Mandchous progressistes et les Chinois réformistes, ce Régent, le prince Tchenn, se rangea parmi les premiers, en refusant de prendre part aux travaux de la « Cour suprême des réformes ». Il est donc incontestable, et la nouvelle disgrâce de Yuan Chi Kaï en est aussi un indice certain, que la réaction triomphe une fois de plus.

Je dois cependant dire qu'en Chine on n'est jamais complètement pour, ni complètement contre. C'est pourquoi ces fluctuations ne sont pas nettement caractérisées, et les conservateurs, par exemple, aux moments de leur plus complète victoire, n'ont jamais demandé l'abandon du programme des réformes, de même la politique réformiste ne reprend jamais l'avantage qu'à demi. Et c'est sans doute ce qui rend si fréquentes et si aisées toutes les fluctuations de la cour de Pékin.

*
* *

Il est inévitable que les alternatives d'action et de réaction nuisent à l'application des réformes. Cette application se fait sans aucune suite ni aucune méthode. Pourtant il ne faudrait pas croire que les résultats soient absolument nuls. On a même fait beaucoup en certaines matières, ainsi que nous allons le voir.

Pour l'armée, les réformes n'ont pas attendu le mouvement actuel. A vrai dire, elles n'ont pas été le fait du gouvernement, mais, au contraire, celui de quelques hommes qui, dans leurs vice-royautés, ont fait œuvre moderniste. C'est cette œuvre qui est tangible aujourd'hui, dans l'armée et dans l'enseignement.

Yuan Chi Kaï est le premier qui soit entré dans cette voie. Il se trouvait en Corée lorsque éclata le conflit avec le Japon. La Chine fut battue d'une façon assez inattendue en somme, Yuan Chi Kaï était au premier rang pour recueillir les leçons de la défaite ; il ne les laissa pas passer. Devenu gouverneur du Chantong, il organisa une division de troupes modernes, avec des instructeurs allemands. Cette division existait en 1900, et ne prit pas part, du reste, aux événements boxers dont Yuan Chi Kaï sut se tenir à l'écart. Quand les affaires furent réglées avec l'Europe, il recueillit la succession à Tien-tsin, de

Li Hung Tschang et il continua ses créations de troupes.

Tcheng Che Tong suivit son exemple. Etant vice-roi de Nankin, il créa une division de troupes modernes. Promu ensuite à la vice-royauté des deux Hous, il en organisa une deuxième à Ou-tschang.

Ce sont ces troupes, créées par Yuan Chi Kaï et Tcheng Che Tong, qui furent le noyau de l'armée chinoise actuelle. Elle se composa donc d'abord de ces divisions du Yang-tsé et des divisions du Nord que l'on appelle, en Chine, l'armée de Peyang. C'est cette armée qui manœuvra en 1905.

Ces manœuvres avaient été préparées très soigneusement, par des officiers japonais attachés à l'état-major de Yuan Chi Kaï. Elles furent une bonne représentation d'une pièce montée merveilleusement à l'avance. Les officiers étrangers furent vraiment surpris et je crois que cette surprise se manifesta dans leurs rapports.

En 1906, les manœuvres furent moins bien préparées. On fit cette fois manœuvrer les troupes du Nord contre celles du Yang-tsé et au dernier moment on bouleversa les thèmes de manœuvres, pour se rendre compte de ce qu'on était capable de faire. Ce fut un grand désordre. Néanmoins, les troupes chinoises firent preuve de qualités toutes nouvelles, et on pouvait considérer cette armée, quoique bien imparfaite, comme une armée moderne.

Personnellement, je suis allé inopinément au camp de Paoting-fou, j'y ai vu manœuvrer une division, par sections, par compagnies, et je ne lui ai guère vu faire que du pas de parade ou des exercices de pure représentation militaire. Je suis allé ensuite voir les troupes du Yang-tsé, à Ou-tchang. J'ai eu l'honneur d'y être reçu par le général commandant les troupes, Tchang Piao, Il fit réunir, très aimablement, un bataillon et un escadron, et ce bataillon fit diverses évolutions : défilés, conversions, changements de front, déploiements en tirailleurs, que je trouvai, autant que je pouvais en juger, exécutés avec une perfection étonnante. Comme régularité mécanique, c'était merveilleux. Un escadron de cavalerie évolua ensuite, sinon aussi brillamment, du moins aussi bien qu'on peut le faire en Europe. Les cavaliers exécutèrent un combat à pied irréprochable et selon les règles les plus formelles du service de la cavalerie.

La véritable et la plus profonde tare de cette armée réside dans son haut commandement. Ce général Tchang Piao qui nous montrait ses troupes et qui est un des généraux les plus en vue de Chine à trente ans ne connaissait pas les caractères chinois. Les origines de sa fortune militaire sont des plus curieuses. Il était domestique de Tcheng Che Tong, vice-roi des deux Hous. Ayant eu l'occasion de rendre un service à son maître, celui-ci le nomma officier. A partir de ce moment, Tchang Piao fréquenta l'école et, avec une ténacité remarquable, se mit à l'étude. Il suivit et suit encore les cours de la nouvelle école militaire d'Ou-tchang et devint un officier convenable, puisque c'est lui qui commanda la division d'Ou-tchang aux manœuvres de 1906 contre les troupes de Paoting-fou, et que c'est lui qui vient de commander ces mêmes troupes aux dernières grandes manœuvres de Nankin. On conçoit, cependant, qu'un tel chef n'a pas les qualités techniques ni la culture générale qui sont aujourd'hui indispensables au grand commandement moderne.

Il y a eu des rapports, beaucoup de rapports, car au point de vue de la paperasserie, des projets écrits, les Chinois sont aussi forts que nous sur les réformes. Seulement, ces rapports, merveilleusement établis, n'ont généralement aucune suite.

On avait d'abord l'intention de créer une division par province. Depuis, on a changé et on a décidé l'organisation de brigades qui devenaient ainsi l'unité. Suivant la province, c'était une, deux ou trois brigades : dans les provinces de l'intérieur, par exemple, une brigade, dans les provinces des frontières, deux, et dans certaines très importantes, trois.

Mais pas grand'chose de cela n'a été fait et aujourd'hui on peut dire qu'il n'y a vraiment de troupes modernes que celles dont je vous parlais tout à l'heure : les six divisions du Nord, les divisions d'Ou-tchang et de Nankin. Il y a, en outre, quelques troupes qui ont été créées dans d'autres provinces, un régiment ici, un régiment ailleurs, plus ou moins modernes, mais qui ne valent pas les troupes dont je viens de vous parler.

En somme, on peut évaluer l'armée chinoise actuelle à 25 brigades vraiment modernes, dont 17 sont endivisionnées et pourvues de tous leurs accessoires d'artillerie, de cavalerie et de train. Cela fait environ 150.000 hommes qui assurément représentent une force sérieuse. Si on était amené, comme en 1901, à envoyer des troupes européennes en Chine, il faut bien se dire qu'elles devraient être beaucoup plus nombreuses qu'alors, que l'objectif soit dans le Nord, ou même sur le Yang-tsé, car, avec le chemin de fer, les divisions du Peyang seraient très facilement transportées sur les rives du grand fleuve.

La Chine a donc une puissance militaire très appréciable, qui n'est pas en rapport, évidemment, avec sa population ou sa superficie, mais très importante si on la compare à celle de l'ancienne armée. Au point de vue militaire, on peut dire qu'il y a une réelle transformation et si les rapports et les projets dont je vous parlais tout à l'heure étaient finalement réalisés, la Chine posséderait une armée qui compterait dans les Conseils du monde.

Quant à la valeur de la troupe, elle serait supérieure à ce qu'elle était à une époque où notre armement supérieur inspirait, aux Célestes, une crainte superstitieuse. Le Chinois peut faire un très bon soldat. Je sais personnellement que, pendant la guerre de Mandchourie, ses services ont été très précieux aux Japonais et aux Russes. Les officiers qui ont commandé des corps francs de Koungouzes ont été très satisfaits du courage et de l'endurance de leurs hommes. Il est donc bien certain que le Chinois, avec sa sobriété et son mépris de la mort, peut faire un excellent soldat. Certes, il n'a pas encore le dressage d'un soldat européen, quoique j'aie parlé d'une armée moderne. Un petit détail le marquera bien : les officiers étrangers se sont aperçus aux manœuvres que chaque soldat chinois avait son boy. Le cavalier chinois ne soignait pas son cheval, ne faisait pas sa cuisine, il avait des domestiques pour le servir. Il est certain que, pour une armée mobilisée, cela créerait un désordre incommensurable.

*
* *

Une matière dont on a également entrepris la réforme avant le mouvement actuel est l'enseignement. Dès 1903, on avait établi un projet tendant à sa modernisation. Le gouvernement chargea le vice-roi Tcheng Che Tong, le grand lettré, l'auteur de l'*Exhortation à l'étude* que connaissent tous les lettrés, de reviser les nouveaux programmes d'études. J'ai dit que les Chinois étaient passés maîtres en l'art d'établir un rapport et les nouveaux règlements d'instruction ne comprennent pas moins de vingt volumes. Tout y est prévu, même la hauteur et la largeur des chaires, et jusqu'à la hauteur du marchepied qui conduit le professeur à sa place.

Un remarquable article sur cet enseignement a paru dans la *Revue de Paris*. Son auteur est un professeur de l'Ecole d'Extrême-Orient qui a soigneusement étudié tous ces rapports, où il y a vraiment des prescriptions heureuses et même très nouvelles. J'ai lu étant en Chine à ce moment-là, que M. Jaurès, à propos de je ne sais quelle discussion, rappelant cette étude, avait proposé l'enseignement chinois comme modèle à l'enseignement français.

Si l'on s'en tient à la lettre même, on peut en effet, sur certains points, trouver des choses à imiter, ceci, notamment, que les élèves jouissent d'une liberté beaucoup plus grande que nos élèves à nous. Ainsi, sans avoir à fournir d'explications, ils sortent tous les dimanches, ils vont où ils veulent, à la condition d'être rentrés à l'heure indiquée par les règlements. Tous les jours de cinq à sept heures, ils sont libres, ils peuvent aller en ville, sans que personne leur demande de comptes.

A ce point de vue, il est probable que nos écoliers seraient de l'avis de M. Jaurès, qu'il y a progrès. Cela peut développer l'initiative de l'enfant, peut-être, il est vrai, d'une façon fâcheuse, mais enfin, cela ne le place pas entièrement en dehors de la vie, comme on reproche à notre enseignement de le faire.

Cet enseignement est organisé en écoles primaires, primaires supérieures, écoles moyennes, correspondant à notre enseignement secondaire, et en écoles supérieures. Il faut ensuite faire trois ans de stage avant la spécialisation. En somme l'enseignement, pour le jeune Chinois, est plus long que pour nous, car pour passer dans les écoles successives, il faut avoir fait le nombre d'années indiqué dans les écoles précédentes : cinq années dans les écoles primaires, quatre années dans les écoles primaires supérieures, cinq années d'école moyenne. Chez nous, le jeune homme a terminé ses études dans l'enseignement secondaire, à 17 et 18 ans, quelquefois même à 16 ans; en Chine, l'écolier qui est entré à l'école primaire à 7 ans ne les termine qu'à 21 ans; c'est peut-être un peu tard.

La principale des réformes de l'enseignement a été de faire une grande place aux sciences. Dans les écoles primaires, la majorité du temps — on travaille trente-six heures par semaine — est réservée à l'étude de la langue chinoise et aux Canoniques, c'est-à-dire aux classiques chinois. Mais à mesure que l'on monte dans les écoles supérieures, l'enseignement de la langue nationale tient moins de place et la plus grande partie du temps appartient aux sciences et aux langues vivantes.

Il y aurait une étude entière à faire sur l'enseignement. Je ferai simplement remarquer que, dans presque tous les règlements des écoles, il est expressément noté que le professeur n'émettra jamais d'idées nouvelles venant de l'étranger et que l'on ne pourra jamais soutenir de doctrines hétérogènes. Il est évident — et cela revient en termes précis dans tous les règlements des diverses écoles, où il est dit aussi que l'on ne doit étudier que des philosophes qui se conforment aux idées rituelles — il est évident que ce n'est pas un encouragement à l'esprit critique ni à la pensée libre et que cela n'a aucun rapport avec notre enseignement, beaucoup plus éclectique, plus large et plus informé.

En somme, l'enseignement, en Chine, reste un enseignement très étroitement chinois et doctrinaire, et il entend rester ainsi. Il faut voir là l'influence intellectuelle du vice-roi Tcheng Che Tong qui, tout en étant très moderniste à un certain point de vue, est resté tout de même un homme de la vieille Chine.

Ces nouveaux règlements sont encore sur un point remarquables : dans chaque école, il y a un ou deux surveillants généraux et, pour le reste, la surveillance est exercée par les élèves eux-mêmes. Il y a un élève de semaine responsable de l'ordre et de la tranquillité dans chaque classe. Il est certain que cela peut être considéré comme excellent, en ce que cela développe chez les enfants le sens et le goût de la responsabilité.

Ces rapports qui, ont le voit, ont beaucoup de bonnes choses, ne sont pas et ne peuvent pas encore être mis en pratique. On a créé, du jour au lendemain, des écoles supérieures, et comme il n'y avait pas auparavant d'écoles primaires, il n'y a pas eu d'élèves prêts à recevoir cet enseignement.

J'ai visité quelques-unes de ces écoles à Pékin, à Ou-tchang, à Ning-po, à Canton, et je dois reconnaître que si ces écoles étaient très bien tenues, si les cours étaient à peu près assurés, il ne fallait pas visiter le cabinet de physique ou de chimie, car la moindre notion d'une classification des sciences n'existait pas et il n'y avait vraiment pas de professeurs capables de tenir cet enseignement.

Dès le début, il y eut un grand engouement ; tout le monde voulut créer des écoles. Les vice-rois se piquèrent d'émulation. Dans le Pe-tchi-li, par exemple, leur nombre s'éleva tout de suite à plus de

3.000. Il n'était pas possible d'avoir des professeurs pour tous ces établissements nouveaux. D'après mes renseignements, les fonctionnaires chinois ont été heureux de trouver des missionnaires étrangers qui ont bien voulu être les professeurs de leurs écoles. Ailleurs on a pris des maîtres tout à fait improvisés. J'ai eu l'occasion de connaître ce cas d'un taotaï qui engagea un Chinois parce qu'on lui avait dit qu'il avait passé une année en Amérique. Il disait : « Au « bout d'une année, les élèves pourront, à leur tour, « servir de professeurs. »

Un autre cas très amusant m'a été cité, à Canton, par des Français. Il y a là une mission médicale française, comme il y en a en trois ou quatre autres points de la Chine. Le médecin avait un infirmier chinois. Celui-ci disparaît un jour sans donner de raisons. Le médecin français le rencontre, quelque temps plus tard, couvert de galons : « Qu'est-ce que « tu est devenu? » lui demande-t-il. Et l'autre de répondre : « Je suis professeur à l'école de méde- « cine. » Le fait seul d'avoir été plusieurs années infirmier du médecin français avait suffi pour qu'on en fît un professeur de médecine.

Il en va ainsi pour beaucoup de choses en matière d'enseignement. C'est tellement vrai qu'à l'époque où j'étais en Chine, le ministre de l'Instruction publique fit paraître un ordre défendant de prendre comme professeurs d'anciens domestiques d'Européens, ainsi que cela s'était vu trop souvent.

Quant à la discipline, il y a une remarque à faire : c'est que le Chinois qui est si obéissant dans la famille, qui y est même soumis à une règle extrêmement dure et qui s'y soumet jusqu'à l'âge le plus avancé, fait un écolier indiscipliné. Les exemples de révoltes d'élèves sont très nombreux. Tantôt ils se plaignent de la sévérité d'un professeur, tantôt aussi de l'insuffisance de leurs maîtres. Cette insubordination du jeune Chinois, par aillenrs si docile, est une des contradictions nombreuses qui nous rendent difficile à comprendre l'âme céleste.

En matière d'enseignement, pour conclure, il est certain qu'on a fait quelque chose. Il faut bien reconnaître que, dans un tel pays, si démesurément grand, avec le désordre gouvernemental et l'anarchie administrative qui y règnent, on ne pouvait mieux faire. En tout cas, si on peut plaisanter l'abondance et la minutie de ces rapports, ceux-ci constituent néanmoins une base sérieuse sur laquelle on pourra peu à peu édifier une œuvre solide, au fur et à mesure qu'on en aura les moyens.

*
* *

Il faut bien dire un mot des fameuses lois constitutionnelles dont tant de décrets nous ont déjà annoncé la préparation. Il suffira, pour apprécier leur exacte importance, de rappeler que lorsque le Chinois veut se ménager la protection de Bouddha ou calmer la colère des esprits, il leur fait des cadeaux fictifs : sommes considérables en lingots de carton argenté et superbes costumes en papier peint, ou encore il dépose sur leurs autels une longue liste de présents somptueux. Et il croit ainsi, par cette ruse puérile, si déconcertante pour nous, tromper la divinité et les esprits. Eh bien ! en l'état des choses en Chine, avec le manque absolu de préparation de l'immense majorité de la population à cette réforme, on peut dire que cette promesse répétée de lois constitutionnelles, c'est le cadeau en carton par lequel le gouvernement de Pékin donne satisfaction, à certaines périodes, aux aspirations novatrices d'une minorité intellectuelle remuante et tangente à la révolution.

*
* *

On a voulu réformer aussi en diverses autres matières, en matière judiciaire, par exemple. On a supprimé, par décret, l'instruction judiciaire par la torture. Ce décret n'a jamais été mis à exécution, tous les gouverneurs et tous les vice-rois ayant fait savoir à la cour qu'ils ne répondaient plus de l'ordre dans leurs provinces avec cette nouvelle justice ; et ils avaient peut-être raison.

Ce que l'on n'a pas fait et qui est urgent, c'est de créer un personnel judiciaire. La justice est toujours rendue par le mandarin. Il y aurait beaucoup à dire du mandarin, mais cela entraînerait à trop de détails. Disons seulement qu'il achète sa charge, malgré tout ce qu'on a nié. Du reste, la chose est reconnue, même dans des décrets impériaux assez récents. La presse chinoise se fait, du reste, un jeu de révéler ces achats de fonctions, comme, par exemple, dans l'affaire du prince Tsing, que je citais au début. C'est tellement exact, que lorsqu'il y a une famine ou quelque autre désastre le vice-roi ou le gouverneur de la province demande au Trône le droit de vendre des charges pour venir au secours des populations. Ce droit est parfaitement accordé et ces charges vendues. Seulement, en ce cas et contrairement à l'habitude, cette vente se fait au profit du plus grand nombre, autant, du moins, qu'on peut l'espérer avec l'improbité proverbiale de ceux qui sont chargés de cette opération.

Il y a deux points, en effet, sur lesquels on aurait dû réformer beaucoup et dès le début, et sur lesquels on peut dire qu'on n'a rien fait : la bureaucratie et les finances. Il est bien certain que tant qu'on n'aura pas organisé celles-ci, tant qu'il n'y aura pas de budget, tant qu'on ne connaîtra pas exactement les recettes et les dépenses du pays, on n'édifiera rien de sérieux. Il pourra se produire des tentatives isolées, comme celles qui ont déjà été faites par les divers vice-rois, mais aucun effort d'ensemble et aucune continuité.

Quand on a besoin d'argent, on envoie un ordre aux vice-rois et gouverneurs d'envoyer telle somme. Ceux-ci prélèvent aussitôt des impôts sur des matières diverses. Ils n'augmentent cependant en aucun cas l'impôt foncier, car le premier empereur de la dynastie mandchoue a promis, au peuple vaincu, que cet impôt serait invariable. C'est, du reste, ce qui a fait échouer, en 1904, le rapport de Sir Robert Hart. L'impératrice lui ayant demandé d'établir un projet de réforme financière, le célèbre directeur des douanes chinoises avait basé son projet sur l'augmentation de cet impôt foncier

Mais, en revanche, il y a les impôts indirects sur les matières indispensables à la vie, sur le sel, sur la viande, sur le bois, sur une multitude d'objets. On a même cité des localités où on avait établi jusqu'à 70 taxes diverses. Naturellement, lorsque le gouvernement demande une somme de 2 à 300.000 taëls, on se hâte d'en prélever beaucoup plus.

Il n'y a donc aucune organisation financière. C'est le désordre, la concussion et le gâchis permanents. On ne sait jamais combien on dépensera, ni même ce que l'on peut dépenser.

Quant à la bureaucratie, ainsi que je l'ai dit tout à l'heure, on ne peut avoir une charge qu'en la payant, soit par achat comptant, soit en cadeaux. On avance par faveur, il s'agit donc de faire partie d'une clientèle et même de plusieurs clientèles. En ce moment-ci, à Pékin, d'après les nouvelles qui nous parviennent, la clientèle de Yuan Chi Kaï, est en train de dégringoler. Tous ceux qui passaient pour ses protégés sont en disgrâce ou destitués. Il suffira d'ailleurs de dire qu'il n'y a pas de statuts de fonctionnaires, ni d'avancement régulier. On comprendra que, dans ces conditions, on ne puisse avoir qu'une bureaucratie imparfaite, et c'est le moins qu'il y ait à dire.

*
* *

C'est sur la question des chemins de fer que l'état d'esprit du peuple chinois a le plus changé.

Autrefois, les Chinois ne voulaient pas de lignes ferrées parce qu'elles dérangeaient les tombeaux et troublaient le *fongchoui* ou atmosphère favorable des divers lieux. Ils les considéraient enfin comme une de ces diableries occidentales à l'aide desquelles les étrangers imposent leur présence abominable.

Aujourd'hui, les Chinois ont complètement et très généralement évolué à cet égard. Non seulement, ils tolèrent les chemins de fer que nous leur avons faits, mais ils veulent désormais les faire eux-mêmes. Ils rachètent les chemins de fer déjà établis : la grande ligne de Pékin à Hankéou est, depuis deux mois, chinoise ; ils avaient racheté antérieurement la ligne de Canton aux Américains et, en 1907, il y eut presque un soulèvement au sujet d'un chemin de fer qui devait être construit par les Anglais dans le Tché-kiang. Les habitants de cette province voulaient faire cette construction eux-mêmes et avec leur argent. Il y eut un enthousiasme extraordinaire, on recueillit de très grosses sommes et des gens se suicidèrent pour protester contre l'intervention anglaise.

Un Chinois très influent de Changhaï, ancien président du Club commercial de cette ville, écrivit, à cette époque, une lettre tout à fait extraordinaire au ministre d'Angleterre à Pékin. Dans cette lettre, on peut relever cette phrase, qui est tout à fait contraire à la si grande politesse habituelle chinoise et qui indique bien à quel degré d'exaspération on était arrivé : « Je vous donne un délai d'un mois, pour « que vous puissiez faire le nécessaire et faire dis-

« paraître cette question de l'emprunt. Si, passé ce « délai, vous n'avez pas encore fait ce que je vous ai « dit, cela prouvera que vous êtes un ennemi mortel « du peuple chinois et j'agirai comme j'ai fait pour « les marchandises, par un boycottage intense. »

Touchant cette question des chemins de fer s'est développé le nationalisme chinois. Les Chinois ne veulent plus que des lignes construites avec leur argent et dirigées par eux. Pourtant le gouvernement paraît avoir des idées différentes, car il vient de confier à une compagnie étrangère la construction de la ligne de Tien-tsin à Pou-ko, en face de Tchiu-kiang, sur le bas Yang-tsé.

Une autre tendance, en ce qui concerne les chemins de fer, consiste à confier la direction des constructions aux fonctionnaires, ou tout au moins de leur en donner la surveillance. C'est ainsi que Tcheng Che Tong vient d'être nommé directeur des chemins de fer en construction de Canton et de la ligne future de Hankéou au Se-tchouen. Après ce que je viens de dire des mandarins, on peut se demander si c'est là un bon système. Lorsque j'étais en Chine, on disait couramment que les très grosses sommes qui avaient été recueillies pour le chemin de fer de Canton à Hangkéou avaient été dilapidées. On en a dit, depuis, autant de très grosses sommes qui ont été rassemblées, grâce à l'enthousiasme national des Chinois, pour ce fameux chemin de fer de Tchekiang.

C'est dire jusqu'à quel point les Chinois sont capables, administrativement et techniquement, de faire leurs chemins de fer eux-mêmes. Néanmoins, il faut tout de même constater ce changement énorme qui les fait aujourd'hui partisans convaincus de ce dont ils ne voulaient autrefois à aucun prix. Et cela, au point que, dans toutes les provinces, il se crée des associations qui n'ont d'autre but que la constitution de sociétés en vue de la construction des chemins de fer.

*
* *

Sur la question de l'opium, dont on a tant parlé, il semble qu'il y ait eu plus de suite que pour les autres réformes et une ferme volonté d'aboutir. On a fermé de nombreuses fumeries et maisons de vente. Mais, là encore, le gouvernement n'a fait que suivre l'initiative de certains vice-rois. Tsen Tchœn Hien est le premier qui ait eu l'initiative de cette suppression, dans les deux Kouangs. A Canton, le mouvement fut enthousiaste. Les Cantonais, très intelligents, et depuis longtemps en contact avec le monde européen, se rendent parfaitement compte que l'usage de la drogue est une cause de faiblesse. Ils se souviennent aussi que cet opium leur fut imposé, à coups de canons, par les Anglais, en 1843.

Du Kouang-toung, le mouvement a gagné le Nord et peu à peu, du Fokien aux deux Kiangs, à Tientsin, des édits de vice-rois furent portés contre ce poison. Enfin le gouvernement a lancé des décrets prohibitifs ordonnant la fermeture des fumeries pour le mois d'août 1907.

Quant ces fumeries ont été fermées, on s'attendait,

dans la cité de Changhaï notamment, à un soulèvement des Chinois. Ce soulèvement ne s'est pas produit, tout s'est passé dans le plus grand calme. Il est vrai qu'une enquête faite par des missionnaires protestants a établi qu'après la fermeture des fumeries connues, beaucoup de fumeries clandestines se sont ouvertes.

Beaucoup pensent et disent que cette réglementation sévère de l'opium fournit surtout au mandarin un nouveau moyen de prélever indûment de l'argent sur ses administrés. Les mandarins passent d'ailleurs pour être, en ce qui les concerne, réfractaires à la suppression de la drogue. Il est constamment question, dans les nouvelles de la cour, de fonctionnaires blâmés pour persister dans leurs anciennes habitudes de fumeurs. Ceux qui sont les plus blâmés ne sont pas toujours les plus coupables, mais seulement les moins malins.

Je dois dire que dans tous mes voyages, soit sur les fleuves de Chine, soit sur les bateaux de cabotage, j'ai toujours frémi, en voyant le faux-pont plein de fumeurs, avec leurs lampes allumées, leurs pipes pleines, même dans la période des décrets de prohibition. Il est vrai que l'opium n'est prohibé d'une façon absolue que pour les fonctionnaires et les officiers. Le Chinois peut fumer, chez lui, mais il doit faire une déclaration et payer une taxe.

On espère arriver à supprimer complètement l'opium dans un délai de dix années. En définitive, sur ce point comme sur tous les autres, il y a le pour et le contre : on n'a pas fait autant qu'on l'a cru en

Europe : on a tout de même fait quelque chose.

Par contre, en matière d'hygiène, on n'a rien fait du tout, sauf à Pékin et à Tien-tsin. Les villes de l'intérieur, aussi bien que les ports fréquentés par les Européens, voire même la cité chinoise de Changhaï, sont toujours d'effroyables cloaques.

*
* *

J'ai, jusqu'ici, parlé des réformes du gouvernement et de ses décrets ; mais il est d'autres observations capitales qu'il faut mentionner. C'est ainsi que l'on constate une évolution certaine de la mentalité du Chinois, je ne dis pas dans la grande masse du peuple, dans la grande armée des agriculteurs, qui restent toujours soumis à leurs vieilles superstitions, mais dans la petite classe des notables et des lettrés, dans l'élite du pays qui arrivera peu à peu à modifier la Chine.

Je parlais tout à l'heure d'un mouvement patriotique national et militaire. Ce mouvement est absolument nouveau et date de la guerre contre le Japon, des grands revers chinois de 1894 et 1895 et de la prise à la Chine, en 1898, par diverses puissances, des territoires soi-disant cédés à bail. Ce mouvement est même si intense parmi la jeunesse cultivée qu'il devient du chauvinisme.

Je n'ai jamais vu défiler une école, même d'enfants de huit à dix ans, en Chine, qui défilât autrement qu'au pas de parade allemand, avec une raideur comique et une bonne volonté extraordinaire.

A Canton, j'ai assisté à une fête scolaire en l'honneur de Confucius. Toutes les écoles y sont venues en armes et au son de marches militaires. Les trois inclinaisons rituelles devant la tablette du grand philosophe ont été faites au commandement et d'une façon toute militaire.

D'ailleurs, l'ancien vice-roi Tsen Tchoen Hien a tout fait pour développer ce sentiment guerrier. Il admirait Napoléon et se croyait lui-même grand capitaine parce qu'il s'était occupé de l'armée et qu'il avait battu des bandes de rebelles. Un jour qu'il assistait à une représentation cinématographique, médiocrement intéressé par les vues d'Europe qu'on faisait défiler devant ses yeux, il demanda à l'opérateur des scènes militaires. A la fin de la séance, le portrait de Napoléon apparut sur la toile. Tsen se précipita dans un mouvement d'enthousiasme, monta sur un siège et embrassa l'image. Cela seul indique à quel point les sentiments pacifistes et antimilitaristes de la vieille Chine ont changé.

On constate aussi une évolution certaine dans la famille chinoise. On sait qu'en Chine les pouvoirs du chef de famille sont extrêmement forts et durent toute la vie. Un fils chinois est presque la propriété de son père, son salaire lui appartient, à quelque âge qu'il soit parvenu. C'est, en somme, la négation même de toute liberté individuelle.

Il est certain que cela s'est déjà grandement modifié, tout au moins dans les ports et dans les grands centres où le Chinois est depuis assez longtemps en contact avec l'Européen. Il existe là un grand désir de libération, d'ailleurs admis. Beaucoup de fils prennent maintenant la carrière qu'ils veulent, entreprennent des opérations distinctes de celles du père et se créent ainsi une existence autonome.

Des lettrés nouveau style ont même osé s'élever contre la doctrine de Confucius, sur laquelle repose toute la vieille morale chinoise ; on a pu lire dans les journaux des articles qui attribuaient à cette antique pédagogie tous les malheurs de l'Empire. C'est précisément contre cet esprit nouveau qu'ont été rédigés, dans les rapports sur l'enseignement, les paragraphes dont je parlais tout à l'heure et qui interdisent l'étude de certains philosophes insuffisamment orthodoxes et toutes les idées étrangères ou novatrices. Tout cela n'empêche qu'il y a un mouvement très sérieux vers une pensée plus libre et un grand désir de participer désormais à la vie universelle.

*
* *

C'est précisément à cet écart entre ces aspirations du Chinois et l'administration mandchoue que sont dus les progrès du parti révolutionnaire. Il est certain que tous les étudiants qui rentrent d'Europe ou du Japon avec des idées nouvelles sont immédiatement frappés par la politique réactionnaire du gouvernement et les formes anachroniques de la vie des Célestes.

Cette situation a permis au révolutionnaire Sun Yat Sen, que les Chinois appellent Cheng Oueng, de faire, à Tokio, pendant cinq ans, une propagande très fructueuse. Parmi les 10.000 étudiants du Céleste Empire qui se trouvaient alors au Japon, la plupart sont devenus ses adeptes.

J'ai vu Sun Yat Sen lui-même au Tonkin, en 1907. Il m'exposa son plan, qui allait jusqu'à la fondation d'une République du Sud chinoise, dans le cas où il ne pourrait pas entraîner le Nord. Mais il se disait très fort, même dans le Nord et sur le Yang-tsé. J'ai pu constater par la suite qu'il se faisait illusion.

Ce n'est pas seulement mon opinion, mais celle d'un officier français très distingué, parlant très bien le chinois, qui a fait, il y a trois ans, un long voyage sur le Yang-tsé, le commandant V... Il avait constaté, comme j'ai pu m'en persuader moi-même plus tard, qu'il n'y avait pas de parti révolutionnaire organisé. Tous les ans, on annonce pour la fin de l'année une révolution qui doit tout balayer. Sun Yat Sen me l'avait prédite pour la fin de 1907. Quand je suis parti de Chine, de vieux résidents européens me l'avaient également annoncée. Ce que j'avais vu me rendait très sceptique à ce sujet. Ce qui s'est passé depuis aux frontières de Kouang-si et du Yunnan n'a fait que confirmer ce scepticisme.

Pour qu'un mouvement révolutionnaire puisse réussir en Chine, il faut qu'il ait lieu sur le Yang-tsé. Mais là, on se trouve en présence des divisions de troupes modernes de Nankin et d'Ou-tchang et même des divisions du Nord, qui seraient facilement et rapidement transportées par le chemin de fer d'Han-kéou. C'est tellement vrai, que rien de ce que l'on redoutait à la mort de l'impératrice ne s'est produit. Il y a eu seulement au Nanghoeï une petite rébellion militaire qui a échoué immédiatement et misérablement.

Il n'en est pas moins vrai que, d'une façon générale, s'il n'y a pas d'organisation révolutionnaire, il existe néanmoins une véritable tendance en ce sens. Il y a, dans toutes les provinces, un vif sentiment antimandchou. Cette révolte latente se prolonge jusque dans les populations de l'intérieur, qui attribuent à la dynastie et aux mandarins l'augmentation des impôts et toutes leurs misères. Toutes les réformes, scolaires et militaires surtout, avec toutes les exactions de mandarins qu'elles facilitent, ne contribuent pas peu, d'ailleurs, à entretenir cet incontestable mécontentement populaire.

Le parti révolutionnaire dispose donc d'un potentiel énorme qui entrera en action peut-être un jour, si les circonstances s'y prêtent.

Les sociétés secrètes constituent la seule force à peu près organisée de ce parti révolutionnaire. En vue d'un soulèvement antimandchou, la grande société du Sud, les *Triades*, dont Sun Yat Sen est le chef, a fait alliance, il y a deux ans, avec la Société des *Vieux-Frères*, très importante sur le Yang-tsé. Cette entente n'a du reste pas produit grand résultat jusqu'à présent.

C'est précisément dans l'étude de ces sociétés secrètes que l'on se rend compte de la faiblesse de l'organisation révolutionnaire. Les diverses loges de ces sociétés ne sont unies que par les chefs qui, seuls, savent à quelle grande secte ils se rattachent et connaissent le but poursuivi.

Cela fait qu'avec une pareille ignorance, il n'y a entre les membres aucune espèce de solidarité et que la foi et l'enthousiasme leur font absolument défaut.

Je dois d'ailleurs dire que la plupart des révolutionnaires nient cette entente avec les sociétés secrètes, qu'ils appellent des sociétés de brigands. Mais cette entente n'en existe pas moins, car Sun Yat Sen lui-même l'a formellement reconnue, dans la conversation que j'ai eue avec lui.

*
* *

Ces observations permettent de conclure qu'on peut parler, en effet, de transformation de la Chine. Cette transformation est indéniable et est due surtout à l'initiative de quelques hommes. Ce mouvement suivra son cours, en dépit de tous les obstacles, car il a à sa base une évolution très sérieuse de la mentalité des jeunes Chinois, de la Chine de demain.

Nous devons en tenir le plus grand compte, malgré toutes les tares de l'administration et du gouvernement chinois. Il ne faut pas oublier, en effet, qu'en Europe même un régime du passé a été balayé en trois jours. Il est donc possible que, dans un avenir plus ou moins lointain, la jeune Chine, organisée et appuyée, elle aussi, par l'élément militaire, imite la Jeune-Turquie et fasse de l'Empire du Milieu une grande nation moderne. (*Vifs applaudissements.*)

MESSIEURS[1],

Je remercie, en votre nom, M. Jean Rodes de sa conférence, passionnante par son sujet, vive et intéressante par la science avec laquelle il l'a traitée. Ce n'est pas vainement qu'il aura appelé votre attention sur ce peuple de 400 millions d'hommes, dont le réveil va bientôt peser sur les destinées du monde ; car vous tous, jeunes gens qui nous écoutez, vous assisterez sans doute à ce nouveau drame de l'humanité : l'entrée dans la civilisation moderne des grands peuples de l'Extrême-Orient.

Cette crise de l'humanité sera unique et sans précédent. Jusqu'ici, les conquêtes des Européens tendaient à réduire des populations vite assimilées dans notre organisation administrative, économique et militaire. Pour la première fois, nous nous heurtons en Extrême-Orient à une civilisation établie, à une race qui nous empruntera nos armes et nos moyens pour sauvegarder d'abord ses traditions et son passé, et ensuite entrer en concurrence avec ses maîtres d'un moment.

La vieille Europe se trouve arrêtée dans son expansion, elle qui, puisant sa force dans la belle et glorieuse civilisation méditerranéenne, avait relevé

1. Discours prononcé par M. Doumer, le 10 février 1909.

avec le Christianisme le flambeau que Rome laissait déchoir et repoussé après mille périls les invasions asiatiques, pour fonder définitivement l'empire moral et matériel le plus puissant qu'ait connu le monde. L'Amérique, l'Afrique, les Iles, les grands continents océaniens étaient successivement tombés en sa puissance, et ce sont encore ses fils qui peuplent aujourd'hui les deux Amériques.

L'Asie était immobilisée depuis de longs siècles, depuis la chute de l'empire d'Alexandre. Tandis que la partie européenne restait sous notre domination, la seconde famille de l'humanité historique, protégée par les immenses barrières de l'Himalaya, subissait une évolution quasi-secrète, parallèle à la nôtre et sans communication avec elle.

L'Europe faisait la conquête du globe, son effort arrivait à maîtriser les hommes et la nature. La civilisation prenait ce caractère d'utilitarisme scientifique qui la rend incomparable. Dans l'ordre philosophique, moral, artistique, littéraire, elle n'a peut-être rien innové : les Grecs nous avaient donné dans tous ces domaines des exemples définitifs. Mais par l'emploi raisonné, concerté, voulu de sa puissance, par l'asservissement des forces naturelles, la civilisation européenne se distingue de toutes les autres.

Les Jaunes avaient négligé et peut-être méprisé ce qui nous attirait si vivement. Il me revient en ce moment à l'esprit certaines conversations qu'il me fut donné d'avoir avec des mandarins et qui ne manqueront pas de vous frapper autant que je le fus moi-même. Dès l'abord, nous nous perdions en d'inutiles considérations sur des sujets tout à fait étrangers à l'objet de notre rencontre. Il m'est ainsi arrivé de comparer pendant de trop longs instants les poètes chinois et européens. Mes interlocuteurs tenaient pour leurs aëdes vieux de 3 ou 4.000 ans, tandis que j'essayais de leur faire entendre les avantages du modernisme littéraire jusqu'au moment où, touchant enfin à mes préoccupations, il m'était possible de glisser quelque phrase sur l'établissement d'un chemin de fer, la création d'une route, etc... Immédiatement mes mandarins affectaient une répugnance insurmontable et c'est avec une déférence amicale mais dédaigneuse qu'ils me faisaient part de leur étonnement : « Comment est-il possible, me disaient-ils, qu'un homme de votre culture, si apte à tenir avec nous des conversations sur les seules spéculations de l'esprit qui soient respectables, vous en arriviez à descendre à des soins aussi matériels! Construire des chemins de fer et des routes c'est là une occupation indigne d'un grand esprit. » (*Sourires.*)

A vrai dire, ce dédain pour la force organisée s'est vite évanoui quand les Jaunes eurent à constater que nous les battions avec quelque facilité.

A notre contact brutal, ils se sont transformés. Les Japonais comprirent les premiers les avantages qu'ils pouvaient tirer de notre exemple. Ils commencèrent par réformer leur gouvernement; ils instituèrent l'unité de direction. Déjà leurs ambitions se manifestaient clairement pour qui savait regarder.

Lorsqu'au moment de la révolte des Boxers, les légations européennes furent assiégées, dans des conditions presque tragi-comiques, puisqu'un jour les Chinois envoyaient des coups de fusil et le lendemain des fleurs et des légumes, j'eus à rassurer notre gouvernement et je disais dans mes rapports que cette insurrection n'était qu'un petit lever de rideau à côté du grand drame qui se préparait. Le premier acte de ce drame s'est terminé en Mandchourie ; les autres suivront, soyez-en sûrs. Il faut les prévoir et s'y préparer. Nous n'avons, pour l'instant, qu'à y songer, puisque les difficultés actuelles sont en Europe même. Mais le péril jaune apparaît comme le problème de demain. Vous qui avez sur nous, Messieurs, l'avantage de l'âge, vous verrez probablement de grandes et terribles choses. (*Applaudissements.*)

IV

LA POLITIQUE ET LES ASPIRATIONS DU JAPON

DISCOURS DE M. LE GÉNÉRAL LEBON

MEMBRE DU CONSEIL SUPÉRIEUR DE LA GUERRE,
ANCIEN MEMBRE DE LA MISSION MILITAIRE AU JAPON.

CONFÉRENCE DE M. MICHEL REVON

CHARGÉ DE COURS A LA SORBONNE,
ANCIEN PROFESSEUR A LA FACULTÉ DE DROIT DE TOKYO.

Messieurs[1],

Dans cette brève causerie, où je ne puis songer à décrire par le menu toute la politique étrangère du Japon moderne, je voudrais au moins essayer de préciser l'idée directrice de cette politique, pour dissiper de vieux malentendus. En effet, les Occidentaux inclinent volontiers à croire que les Japonais sont un peuple conquérant; qu'à peine sortis de leurs guerres civiles, ils ont été trop heureux de s'illustrer en se jetant dans de grandes guerres extérieures ; et que, par conséquent, leurs ambitions violentes constituent un péril pour la civilisation. J'espère vous montrer, tout au contraire, que les Japonais sont un peuple raisonnable; qu'après s'être élevés, sous leur ancien régime, à une conception de l'ordre international que nous pourrions leur envier, ils ne se sont armés que pour répondre aux menaces des nations occidentales, ils n'ont combattu que, pour défendre, avec l'indépendance des régions voisines, leur propre sécurité; et que, dans l'avenir, si les autres puissances se décident enfin à traiter ce peuple comme un égal qui veut être respecté, elles peuvent compter sur lui pour fonder et maintenir la paix de l'Extrême-Asie.

1. Conférence prononcée par M. Revon le 10 mars 1909.

On ne saurait comprendre le véritable esprit de la politique impériale actuelle sans connaître d'abord celle de l'ancien gouvernement shôgounal. Que les Japonais aient été, jadis, des hommes belliqueux, rien de plus certain: sans remonter aux luttes séculaires contre les Aïnous, premiers occupants de l'archipel, ou aux pirateries des temps primitifs sur les côtes continentales, chacun sait que, depuis le milieu du XIe siècle jusqu'au commencement du XVIIe, la guerre civile ensanglanta le pays, tandis que Hidéyoshi couronnait cette longue période militaire par l'invasion de la Corée. Mais à ce conquérant succéda un pacifique, Iyéyas, qui, joignant au génie organisateur d'un Napoléon la modération d'un sage chinois, sut dompter la féodalité, unifier l'empire, imposer l'ordre à l'intérieur, la paix avec l'extérieur, et fonder enfin ce grand shôgounat des Tokougawa qui allait donner au Japon deux siècles et demi de tranquillité profonde. Iyéyas voulait la paix: il pensait qu'un chef d'État doit laisser les rêves de gloire pour ne songer qu'au bonheur du peuple; au besoin, il eût sacrifié sa vie à cet idéal. Un jour, invité par Hidéyoshi à un rendez-vous qui pouvait être un guet-apens, il y alla, malgré les supplications de ses fidèles : « Songez, leur dit-il, que la guerre a duré, sans « relâche, pendant des générations. Enfin nous « avons la paix! Si j'entre en lutte avec Hidéyoshi, « la guerre recommence : c'est la misère pour l'em« pire. Il peut m'arriver malheur : mais du moins, « je mourrai pour le bien du pays. » Tel était l'esprit d'Iyéyas. Ses descendants continuèrent sa politique ; et c'est ainsi que le Japon, fermé et replié sur lui-même, évitant les relations étrangères qui auraient pu inquiéter son repos, mais ne voulant non plus chercher querelle à personne, conserva une paix obstinée jusqu'au milieu du siècle dernier. — Or, pendant tout ce temps, que pensaient les Japonais ? Avaient-ils compris la grande idée de leurs gouvernants, ou bien voulaient-ils encore la guerre ? Consultons leurs auteurs. Dans la première moitié du XVIIe siècle, Nakaï Tôjou écrit sur ce point de longues pages, dont voici l'essentiel. Un disciple l'interroge sur les rapports mutuels de ce que les Japonais appellent *boun* et *bou*, c'est-à-dire d'une part les lettres, les fonctions publiques, l'esprit civil; d'autre part la bravoure, les fonctions militaires, l'esprit guerrier. « Ces deux choses, dit l'élève, sont « comparées volontiers aux deux ailes d'un oiseau ou « aux deux roues d'une voiture. Mais sont-elles si « différentes ? Qu'en faut-il penser ? — Par *boun*, « répond le maître, on entend d'habitude les élégan- « ces de l'art littéraire ; et par *bou*, l'habileté straté- « gique ; mais rien de moins exact. Ces deux élé- « ments ne sont qu'une seule vertu, et l'un ne « signifie rien sans l'autre. Le véritable rôle de ce « qu'on nomme les lettres, c'est d'administrer un « pays suivant les principes de la morale; la fonc- « tion de la bravoure, c'est de châtier les hommes « tout à fait pervers qui troublent cet ordre divin. « L'esprit militaire n'est qu'un moyen de réaliser « l'esprit civil. La source de la vertu civile, c'est le « *djinn*, l'humanité; celle de la vertu guerrière, le

« *ghi*, la justice. — Mais alors, interrompt l'élève, « littérature et tactique sont inutiles ? — Non pas, « mais secondaires. Si un sage doit connaître ces « arts, il doit aussi apprendre leur fondement. — « Et s'il ne peut mener de front toutes ces choses ? — « En ce cas, qu'il s'en tienne au fondement même, à « l'humanité et à la justice. Le courage n'est rien « sans la vertu. Si vous voulez étudier la vraie tacti- « que, apprenez celle de l'homme charitable qui n'a « aucun ennemi dans l'univers. » Un peu plus tard, Koumazawa Banzan, consulté sur le point de savoir si l'on doit approuver ceux qui condamnent la gloire des armes ou au contraire ceux qui se moquent des partisans de la paix, répond en ces termes : « A la « guerre, on meurt beaucoup : on n'a qu'une chance « sur dix de revenir en vie ; par conséquent, vouloir « obtenir par ce moyen quelque réputation dans le « monde, c'est faire un calcul insensé. Puis, il faut son- « ger aux lamentations des femmes, des enfants et des « soldats : torturer des milliers d'êtres dans le seul « intérêt de quelques-uns, pour gagner des fiefs ou « des promotions, c'est commettre un acte détesta- « ble. Le vrai sage aurait beau conquérir des pays : « sa conscience ne serait point satisfaite. Un livre « chinois dit que le soldat ne doit pas attaquer le « château sans faute, qu'il ne doit pas tuer l'homme « innocent. Ceux qui, par le massacre, s'emparent « des territoires et ramassent du butin, sont de « simples voleurs. Rien de plus criminel que de « vouloir des guerres inutiles pour la vaine renom- « mée qu'on en peut retirer. » Pareillement encore, dans la première moitié du XVIIIe siècle, Mourô Kyousô écrit: « L'humanité dans le cœur de l'homme « est comme la force vitale dans son corps ; et de « même que la force vitale se manifeste par le pouls, « l'humanité se révèle par l'amour. Quand le pouls « cesse de battre, l'homme meurt ; et quand la loi de « l'amour se perd, le cœur est détruit. Ainsi, l'hu- « manité est la vie du cœur... La bravoure elle- « même vient de l'humanité et sort d'un cœur pi- « toyable aux autres. La guerre, avec ses meurtres, « apparaît comme une procédure violente ; compa- « rée à l'humanité, c'est, semble-t-il, le noir opposé « au blanc. Et cependant, lorsqu'elle se fonde sur « l'humanité, la bravoure du guerrier est un pur « courage. Mais la chevalerie, comme l'idéal civil, « ne sont vrais que s'ils surgissent du cœur même « et de son humanité. » Ainsi, pour tous ces philosophes du temps des Tokougawa, la guerre ne se conçoit que lorsqu'elle a pour objet de promouvoir la justice, qui elle-même dérive de l'humanité, source première de la morale ; mais autant une guerre désintéressée séduit ces âmes de justiciers chevaleresques, autant la guerre de conquêtes choque leur bon sens et répugne à la noblesse de leurs instincts. Tous répètent à l'envie cette phrase d'inspiration chinoise qui brillait déjà dans le Testament politique attribué à Iyéyas: « Esprit civil, esprit militaire, l'un et l'autre signifient : humanité. » Et c'est pourquoi, après les guerres d'autrefois, après les entreprises de Hidéyoshi, la paix d'Iyéyas leur paraît si belle. Pour citer encore Mourô Kyousô: « L'empire

« est en paix. Depuis qu'Iyéyas, à la chevelure brossée « par le vent, au corps oint de pluie, par une vie de « labeur a fait cesser les troubles et prévaloir l'ordre « général, depuis plus de cent ans déjà, il n'y a pas « eu de guerre. Les vagues des quatre mers se sont « apaisées, et les bienfaits de la paix n'ont manqué « à personne. Parlons avec respect d'un tel gouver- « nement et proclamons bien haut son immense « sagesse. » — Résultats de cette politique de paix, si bien appuyée par l'élite pensante : à la fin de l'ancien régime, les Japonais avaient perdu tout leur antique esprit belliqueux. Les samouraï portaient encore, avec fierté, leurs deux sabres ; mais ils ne s'en servaient plus, depuis longtemps, que pour trancher des querelles privées. Le peuple était si loin des vieilles idées guerrières que, plus tard, lorsque la conscription fut mise en vigueur, tout le monde pleurait dans les villages. Le Japon, une fois de plus, avait profité des meilleures leçons de la Chine, et, comme sa grande voisine, il ne comprenait plus la lutte sauvage entre les peuples : il ne demandait qu'une paix heureuse dans la solitude cloîtrée de son archipel.

C'est à cette race tranquille, adoucie, humanisée que les « Barbares de l'Ouest », comme les appelaient non sans raison les civilisés d'Extrême-Asie, apportèrent tout à coup le plus brutal réveil. Je ne redirai pas toute cette histoire bien connue : l'arrivée des « vaisseaux noirs » de Perry, les rudes menaces de l'Amérique, le bouleversement où cette attaque soudaine jeta brusquement le pays. Qu'il me suffise de rappeler la conséquence essentielle de cette série d'événements en ce qui touche la politique extérieure, c'est-à-dire les premiers traités signés avec les puissances de l'Occident: avec les Etats-Unis d'abord, en 1854, puis avec l'Angleterre, la Russie, la France et nombre d'autres nations, avec l'Autriche enfin, dont le traité de 1869, grâce à la clause de la nation la plus favorisée, peut être pris comme type final de ces divers documents. Le contenu de ces traités, dont les plus importants avaient été imposés par la présence comminatoire des escadres, se ramène, en substance, à trois dispositions : ouverture à la résidence et au commerce étrangers des cinq ports de Yokohama, de Kôbé, de Nagasaki, de Niigata et de Hakodaté, ainsi que d'une concession à Tôkyô, avec faculté de voyager sans passeport dans un rayon de dix lieues autour de ces villes ; privilège d'exterritorialité, exemptant les étrangers de la juridiction japonaise, sauf, en matière civile, quand ils étaient demandeurs ; et restriction des droits de douane, limités en principe à cinq pour cent de la valeur des marchandises importées. Ainsi, non seulement les puissances obtenaient pour leurs nationaux cette liberté du commerce qu'elles avaient si vivement réclamée, et qui eût été sans contredit une demande bien légitime si la fin la meilleure pouvait excuser l'usage des pires moyens, mais, par surcroît, elles exigeaient pour ces nationaux deux avantages, l'un judiciaire, l'autre financier, dont l'un marquait assez leur conception de l'infériorité japonaise, et l'autre leur dessein de tout faire pour contribuer à la maintenir. Le privilège de juridiction surtout, qui portait atteinte à la souveraineté nationale, fut une humiliation profonde pour les Japonais. Blessés dans leur fierté, dans leur indépendance, ils furent pris d'un ardent désir d'effacer cette page de leur histoire ; et ils comprirent aussi qu'après leur dignité, leur existence même pourrait être compromise s'ils n'empruntaient à l'Occident les moyens de lui résister un jour. Ils s'armèrent à l'européenne, et pendant trente ans, la révision des traités fut le pivot de toute leur politique extérieure.

Cette importante question, qu'on pourrait croire de prime abord assez simple, constituait en réalité un enchevêtrement de difficultés presque inextricable, que la diplomatie japonaise eut une peine inouïe à dénouer. Il n'est pas de problème qui ait fait naître, au Japon, plus de discussions passionnées, et il faudrait une bibliothèque pour contenir les articles de la presse indigène sur ce sujet. Voici cependant l'affaire, dans ses grandes lignes. — Dès 1872, l'ambassade du prince Iwakoura aux États-Unis posait le premier jalon de la revision future ; mais le gouvernement japonais n'insistait pas pour une décision immédiate, sans doute parce qu'il n'était pas encore en mesure d'offrir les garanties demandées pour l'abandon de l'exterritorialité, c'est-à-dire une législation et une magistrature à l'occidentale. Néanmoins, en 1876, les États-Unis consentaient un nouveau traité, mais avec une clause qui en remettait l'application au jour où toutes les autres puissances auraient signé des traités analogues. Or, ces puissances étaient au nombre de dix-sept; la plupart s'étaient entendues pour mener leurs négociations de concert; et comme elles ne pouvaient guère se mettre toutes d'accord sur chacune des modifications discutées, le problème paraissait insoluble. Cependant le Japon, à partir de 1880, commençait à publier peu à peu la série de ses nouveaux codes; et il semblait étrange de refuser à ses tribunaux, à ses cours d'appel surtout, bientôt peuplées de docteurs en droit, une juridiction qu'on reconnaissait aux magistrats des moindres républiques sud-américaines. C'est pourquoi, en 1882, l'année même où le Code pénal entrait en vigueur, une conférence internationale se réunit à Tôkyô, pour étudier les bases d'une entente possible : l'ex-territorialité aurait disparu, moyennant la publication du Code civil et l'organisation de tribunaux mixtes où vingt-cinq juges étrangers auraient siégé pendant quinze ans. Une seconde conférence s'ouvrit, en 1886, pour arrêter le projet d'une manière définitive; mais, en 1887, les négociateurs japonais, regrettant des concessions que l'opinion publique jugeait déjà excessives, retirèrent leurs propositions, et la conférence échoua. Le seul moyen d'aboutir était de traiter séparément avec chacune des nations intéressées. En 1889, le Mexique donna l'exemple ; puis vinrent les États-Unis, la Russie, l'Allemagne ; la France allait signer. Mais, bien qu'il ne s'agît plus, à ce moment, que de quatre juges étrangers et d'un provisoire de cinq années, une opposition de plus en plus violente s'éleva ; le comte Ohkouma, ministre des Affaires étrangères, eut une jambe arrachée par une bombe de dynamite ; le gouvernement dut s'incliner devant la volonté populaire, et comme les traités déjà signés avec les États-Unis, la Russie et l'Allemagne n'étaient pas encore ratifiés, il ne resta rien de cette nouvelle tentative. L'année suivante, d'ailleurs, c'étaient les étrangers de Yokohama qui, à leur tour, protestaient en assemblée publique contre la diplomatie occidentale, coupable de vouloir sacrifier ces privilèges qu'ils appelaient maintenant leurs libertés. Le rêve du Japon n'apparaissait plus que comme un mirage fuyant quand, par fortune, en 1894, l'Angleterre libérale consentit enfin à la revision tant souhaitée. Toutes les autres nations, éclairées d'ailleurs par les victoires japonaises en Chine, n'avaient plus qu'à suivre le même chemin. La France fut presque la dernière, arrêtée sans doute par l'éternelle clameur de ces résidents des ports qui semblaient ne trouver plaisir qu'à perpétuer malentendus et querelles ; mais enfin, la main ferme de M. Hanotaux signa cet acte de justice ; et le 17 juillet 1899, tous les traités nouveaux entraient en vigueur. Désormais le Japon pouvait exercer la pleine juridiction sur son territoire, à l'égal des nations chrétiennes, et fixer son tarif douanier. En retour, il accordait aux étrangers le droit de voyager, de commercer, de résider librement dans l'intérieur de ce pays qu'il leur avait fermé, par une décision bien naturelle, tant qu'ils échappaient à ses lois ; et s'il leur refusait le droit de propriété du sol, pour calmer les craintes illusoires du peuple qui voyait déjà tout l'archipel acheté par les millionnaires de l'Occident, il leur offrait au moins, par le droit de superficie inscrit dans le Code civil de 1896, le moyen de fonder des établissements d'une durée illimitée. Il n'en est pas moins vrai que, par ces traités, le Japon obtenait un peu plus que l'égalité habituelle, puisque les premières puissances du monde donnaient à ses sujets des droits qu'il refusait à leurs propres nationaux ; les rôles étaient renversés, et les ancêtres, les vieillards qui avaient tremblé devant les canons de Perry durent être satisfaits, à coup sûr, de ce chef-d'œuvre diplomatique. C'était la juste récompense des efforts tenaces du prince Itô, du comte Ino-oué, du comte Ohkouma, de tous ces hommes d'État qui, avec le plus admirable esprit de suite, avaient concentré leur politique étrangère sur cette terrible revision des traités pendant tout le dernier tiers du XIXe siècle, et qui la voyaient enfin triompher avec la dernière année de ce siècle finissant.

La phase terminale de cette longue période fut compliquée par un embranchement imprévu vers un tout autre domaine, puisque le Japon se trouva entraîné, en 1894, à une grande guerre contre la Chine. On a dit, il est vrai, que s'il entreprit cette guerre, ce fut justement pour arracher aux puissances, par le prestige de la force, ce que la seule raison ne pouvait obtenir. Il est possible, en effet, que ce sentiment désespéré ait eu sa place dans l'ensemble des impressions, toujours vagues et complexes, qui poussent un peuple à de telles résolutions; mais ce n'eût pas été une considération assez puissante pour déterminer le gouvernement, habitué à plus de patience. Quels furent donc les motifs de cette grave décision ? Certains ont prétendu que le cabinet avait cherché ainsi un dérivatif à de longues difficultés parlementaires. Mais, comme la Constitution de 1889 n'admettait pas la responsabilité des ministres, les hommes d'État investis de la confiance impériale n'avaient jamais été embarrassés pour adoucir les députés récalcitrants : un décret de dissolution émergeant d'une poche ministérielle suffisait, avec la perspective de nouveaux frais d'élection au cas où lecture en serait faite ; nul besoin d'une guerre à l'étranger. D'autres ont soutenu que l'armée japonaise, arrivée à son plein développement, avait voulu saisir la première occasion de montrer sa puissance au monde. Que ce désir ait existé dans l'armée, rien de plus certain ; mais ce n'est pas une raison pour l'attribuer, sans aucun indice probant, aux vieux gouvernants qui dirigeaient la politique générale. D'autres encore ont dit que les hommes d'affaires avaient réclamé ce conflit, pour sauver des intérêts compromis par les perpétuelles révoltes coréennes ; mais le Japon n'aurait pas fait une telle guerre pour d'aussi médiocres soins. Reste l'opinion la plus répandue, d'après laquelle les Japonais auraient agi en vertu d'une ambition historique, pour s'annexer enfin cette Corée déjà conquise, suivant les antiques légendes, par l'impératrice Djinngô, au IIIe siècle, puis, en tout cas, par Hidéyoshi, au XVIe, et qu'ils regardaient toujours comme prédestinée à leur future domination. Mais, depuis Iyéyas, pendant deux cent cinquante ans, ils n'y avaient plus pensé ; et en 1876, leur gouvernement, insulté par la Corée, avait fermé l'oreille aux cris de vengeance du vieux maréchal Saïgô, pour conclure, tout au rebours, une entente où la nation tributaire était désormais traitée en égale. C'est donc ailleurs qu'il faut chercher les motifs de cette mystérieuse guerre de Chine ; et on ne les trouvera ni dans de misérables raisons de politique intérieure, ni dans de vulgaires ambitions à l'extérieur, mais dans un ordre d'idées autrement grave et infiniment plus élevé. — En effet, cette guerre s'explique, tout d'abord, par un élément original et profond de la psychologie indigène : l'esprit d'apostolat. Si j'ai tant insisté sur les conceptions de ces philosophes de l'ancien régime qui, tout en condamnant la guerre de conquêtes, admettaient la guerre chevaleresque, c'est parce que ce côté trop peu connu de la pensée japonaise allait nous donner d'avance le sens véritable de certains événements postérieurs. Les Japonais, fiers de cette culture occidentale qui, entre autres bienfaits, leur avait permis de rester indépendants, étaient impatients de l'enseigner à leur tour aux autres nations d'Extrême-Asie. Or, à leurs portes, était un pauvre royaume qui, d'une condition jadis brillante, était tombé au dernier degré d'abaissement ; un pays où la vénalité des charges publiques était la base même du budget royal, où les fonctionnaires, pour recouvrer ces avances, ne pouvaient que pressurer les sujets, et où le peuple enfin, découragé par tant d'exactions, avait renoncé à travailler autrement que pour gagner la nourriture quotidienne ; une race d'êtres déchus, avilis, abrutis par un trop long désordre social, et dont maintenant l'état moral était certainement inférieur à celui d'une peuplade nègre. Le Japon voulut tendre la main à ce peuple, le relever, imposer à son gouvernement des réformes, rendre à ce gouvernement lui-même son indépendance en le délivrant du joug chinois, bref, ressusciter la Corée, malgré elle et malgré la Chine, en attendant le jour où, après avoir sauvé les opprimés, il convertirait les oppresseurs. De telles idées n'ont plus guère cours aujourd'hui, dans notre Europe assagie; mais c'est peut-être en France qu'on peut le mieux les comprendre, en se rappelant l'esprit des hommes généreux qui, pour des motifs pareils, avec la même horreur des choses du passé et le même violent désir de liberté, de fraternité universelles, firent les guerres magnanimes de notre Révolution. Cependant, comme l'intérêt a toujours sa part dans les actes héroïques, la guerre sino-japonaise ne fut évidemment pas une expédition de pure chevalerie. Une autre raison d'agir fut le besoin d'assurer la sécurité du pays. En effet, les Japonais étaient chaque jour plus inquiets en présence de l'ambition russe : sans remonter bien loin, en 1891, le lieutenant Ohhara s'était ouvert le ventre, à Tôkyô, devant les tombeaux de ses ancêtres, dans le seul dessein d'appeler sur ce danger national l'attention populaire, qui lui semblait endormie; mais le gouvernement veillait, et la menace du Transsibérien ne pouvait le laisser indifférent. Or, si la Chine, dont le Japon n'ignorait pas la faiblesse, demeurait maîtresse en Corée, c'était, à bref délai, la substitution de l'influence russe à la suzeraineté chinoise. Il était donc urgent de réaliser l'indépendance de la Corée, de la mettre en état de défense, dans l'intérêt du Japon comme dans le sien. Les deux raisons profondes que je viens d'indiquer, esprit d'apostolat, besoin de sécurité, s'harmonisaient ainsi, se confondaient en une seule, puisque la sécurité n'était possible qu'au moyen de l'apostolat. Imaginez le cœur justicier de don Quichotte uni au sens pratique de Sancho Pança : vous aurez toute la psychologie du Japon à cette époque de son histoire. — Jusqu'à la dernière heure, le gouvernement tenta d'éviter un conflit armé; il fit tous ses efforts pour obtenir en Corée, par la seule persuasion, les réformes nécessaires. C'est seulement lorsque, d'une part, les plénipotentiaires chinois et coréens eurent bafoué leurs collègues japonais en refusant de signer, le moment venu, une entente orale enfin conclue après des négociations interminables, et lorsque, d'autre part, la Chine, rompant le traité de Tien-tsin de 1885, eut envoyé la première ses troupes en Corée, que le Japon se résolut à agir. Assurément, au point de vue moral pur, on peut discuter la légitimité de cette guerre, de cette procédure violente employée contre le peuple du monde le plus avancé dans le sens pacifique, bien que ce fût, en somme, une mesure de prévoyance qui présentait déjà un caractère défensif; mais il est bien clair aussi que, dans l'état présent des relations internationales, aucune grande puissance n'eût été en droit de jeter au Japon la première pierre. Quand nous partions en quête de la lointaine Indo-Chine, nous n'avions certes pas les mêmes raisons d'intérêt immédiat à faire valoir; tout au plus pourrions-nous en invoquer d'analogues pour l'Algérie. Or, non seulement le Japon, en 1894, ne songeait nullement à entreprendre une conquête, mais, au fond, il n'attaquait la Chine que pour la sauver avec lui, avec la Corée, du péril russe. D'avance, au delà de la guerre, il entrevoyait la paix de tout l'Extrême-Orient.

Ce que fut cette guerre, on le sait : la bataille du Yalou, la prise de Ouéi-haï-ouéi, celle de Port-Arthur étonnèrent l'Europe. En moins d'un an, le Japon avait contraint l'orgueilleuse Chine à demander grâce, et, dès le 17 avril 1895, par le traité de Shimonoséki, il obtenait d'elle, outre une forte indemnité, la péninsule de Liao-toung. Par là, il tenait les clefs de Pékin, et sans occuper cette capitale, sans risquer ainsi de bouleverser tout l'immense empire, il allait pouvoir exercer directement sur la Chine du nord son influence rénovatrice. Mais l'Europe ne pouvait comprendre ses intentions. Dans ce grand événement, elle ne vit que deux choses : la force du Japon et la faiblesse de la Chine. La première de ces deux leçons frappa surtout la Russie, qui, habilement sollicitée par les diplomates chinois, prit l'initiative d'un mouvement où elle entraîna l'Allemagne et la France : sur les représentations des trois puissances, le Japon abandonna le Liao-toung, contre un supplément d'indemnité, Formose et les Pescadores. Mais cette intervention, qui changeait sa victoire militaire en défaite diplomatique, et qui, du même coup, l'empêchait d'accomplir le programme rêvé, devait laisser des traces profondes. Quand le gouvernement se fut incliné, quarante soldats se suicidèrent, et tout le peuple pensa qu'un jour viendrait où leur sang serait vengé. La seconde révélation que la guerre apporta à l'Occident, celle de la faiblesse chinoise, éveilla d'ardentes ambitions : de tous côtés, on crut qu'il fallait se préparer à un partage de la Chine. En mars 1897, la Russie se faisait céder Port-Arthur; en novembre, c'était l'Allemagne qui s'emparait de Kiao-tchéou, inaugurant ainsi, par un coup brutal, sa théorie des sphères d'influence ; la France suivait bientôt, à Kouang-tchéou-ouan, en avril 1898 ; et en juin, l'Angleterre enfin s'installait à Ouéi-haï-ouéi. De ces quatre manifestations, la dernière ne pouvait déplaire au Japon, puisqu'elle établissait, en somme, un contrepoids utile à sa politique ; l'action de la France l'inquiétait peu ; celle de l'Allemagne, davantage ; mais la Russie à Port-Arthur, dans cette forteresse que lui-même, après l'avoir emportée de haute lutte, avait cru pouvoir garder longtemps comme le point central de sa propagande continentale, qu'on lui avait fait abandonner ensuite, solennellement, au nom de l'intégrité chinoise, et qu'on reprenait maintenant sans nul souci du grand principe invoqué deux ans plus tôt, n'était-ce pas une amère et tragique ironie? La Russie aggravait ainsi sa récente intervention d'une humiliation nouvelle, et jetait, pour la seconde fois, une semence dont elle aurait plus tard à recueillir la moisson. — En attendant, fidèle à sa politique, le gouvernement japonais continuait de travailler à l'organisation de l'Extrême-

Orient. Il soutenait la Chine contre cette Europe qui ne rêvait plus que de la voir démembrée. Avec les États-Unis et l'Angleterre, il maintenait fermement l'idée de la porte ouverte. Car il comprenait bien que, si quelques milliers d'Européens tentaient de se partager la direction des provinces chinoises, ils n'aboutiraient, perdus au milieu de cette énorme population, qu'à fomenter la plus terrible anarchie ; et il sentait aussi qu'avec des sphères d'influence fermées, le commerce de chaque nation étrangère, exclu des provinces voisines, ne serait pas étendu, mais amoindri. Vers 1898, à un moment où toute l'Europe attendait l'effondrement dont elle espérait se répartir les dépouilles, le comte Ohkouma, alors président du Conseil, me répéta plus d'une fois que ce fameux partage lui apparaissait comme une conception folle, une véritable ineptie, imaginée sans doute par des politiciens qui prenaient l'empire chinois pour un ramassis de royaumes nègres et qui croyaient qu'on peut se distribuer ses provinces comme des territoires africains. Ainsi, ce que voulaient les hommes d'État japonais, ce n'était certes pas la dissolution de la Chine ; c'était, bien au contraire, sa consolidation, en attendant son indépendance finale. A la Chine, comme à la Corée naguère, ils ne souhaitaient qu'un prompt relèvement ; à l'une comme à l'autre, ils conseillaient les réformes qui, dans un même péril, avaient été leur propre salut ; et lorsqu'éclata, en 1900, l'insurrection des Boxeurs, si les Japonais marchèrent sur Pékin avec l'expédition internationale, ce fut, avant tout, pour mettre fin à un état de désordre qui, comme la révolte de Satsouma chez eux, pouvait compromettre l'œuvre commencée et retarder encore le réveil futur.

L'Angleterre observait tous ces événements avec une attention de plus en plus clairvoyante. Au début, il est vrai, elle avait fait fausse route. En accordant au Japon son nouveau traité à la veille même de la guerre, elle avait cru le retenir par les liens d'une étroite reconnaissance ; et dès lors, pensant avoir elle-même les mains libres, elle n'hésita pas à se ranger du côté de la Chine, c'est-à-dire de la précieuse vache à lait qu'elle craignait de voir endommager. Dès l'origine du conflit, lord Rosebery proposait aux puissances de l'arrêter par une intervention commune ; puis, l'escadre anglaise suivait les opérations de manière à entraver la flotte japonaise : un matin, devant Ouéi-haï-ouéi que celle-ci allait surprendre, l'amiral Freemantle, sous prétexte de saluer le pavillon de l'amiral Itô, faisait tirer des coups de canon qui prévenaient les Chinois endormis ; si bien qu'après la prise de Port-Arthur, quand l'amiral anglais, visitant la citadelle, demanda à son collègue japonais quelques armes chinoises en souvenir de cet exploit, l'amiral Itô lui offrit, avec un sourire discret, des fusils de marque anglaise. Mais dès que l'Angleterre vit le Japon victorieux, elle vira de bord, et, oubliant les Chinois, pensa tout de suite à se ménager l'amitié de cette jeune puissance. Cependant, les Japonais n'inclinaient guère dans ce sens. Ils n'avaient pas oublié l'attitude altière de sir Harry Parkes, représentant de l'Angleterre à

Tôkyô pendant les vingt premières années du nouveau régime ; d'une manière générale, ils n'aimaient guère le caractère britannique, trop froid et trop intéressé à leurs yeux ; la signature même du traité de 1894, qui ne devait entrer en vigueur que cinq ans plus tard, était apparue à beaucoup d'entre eux comme le don dérisoire d'un « gâteau en peinture ». En revanche, la France leur plaisait, d'instinct. C'était à des Français qu'ils s'étaient adressés, de préférence, pour l'organisation de deux services importants : la justice, condition même des nouveaux traités, et l'armée, dont M. le général Lebon, membre de la mission militaire qui partit là-bas dès le début de l'ère nouvelle, vous parlera tout à l'heure avec la double autorité d'un technicien dont s'honore le Conseil supérieur de la guerre et d'un témoin direct des événements ; puis, l'esprit français, si proche parent de l'esprit japonais lui-même, séduisait ce peuple ami de la finesse intellectuelle, des sentiments généreux, des arts ; enfin, ils savaient qu'à certains moments, la France leur avait prouvé sa sympathie, et que, par exemple, quand l'amiral Tyrtoff, commandant l'escadre russe, avait eu l'étrange pensée de s'illustrer, au lendemain d'un traité de paix, en tirant sur leur flotte épuisée par ses victoires, l'amiral de Beaumont lui avait refusé très nettement son concours. Si la France, de bonne heure, avant cette guerre où elle se vit amenée à une malheureuse intervention, avait su, d'une part, profiter de l'affection japonaise, d'autre part faire comprendre à la Russie les dangers de sa politique asiatique, elle se fût donné le beau rôle d'arbitre entre le Japon et son alliée, et, en remplaçant d'avance le simple accord de 1907 par une alliance autrement grandiose, elle se fût épargné bien des inquiétudes au sujet de son domaine colonial. Non pas que le Japon ait jamais songé à nous prendre l'Indo-Chine. Que son état-major ait envisagé l'hypothèse d'une guerre où quelque conséquence imprévue de l'alliance russe nous aurait entraînés, et qu'il ait étudié, en vue de ce cas précis, les moyens de nous atteindre au point vulnérable, rien de plus naturel ; mais entre ces précautions d'ordre défensif et un projet d'agression, il y a une différence. Au point de vue politique, le Japon ne pouvait désirer l'Indo-Chine, trop éloignée de son champ d'activité ; au point de vue économique, il n'avait pas besoin de conquérir ce grenier à riz, parce qu'il était plus simple et moins coûteux d'acheter du riz que de faire une campagne pour acquérir le grenier lui-même. En somme, la meilleure défense de l'Indo-Chine, c'était l'amitié japonaise ; et une alliance proprement dite eût été le vrai moyen de ne jamais perdre cette amitié. Dès 1884, le Japon nous avait fait des avances en ce sens ; même après la guerre et l'intervention, des hommes d'Etat éminents songeaient encore à une alliance française ; et plus tard, quand le prince Itô vint à Paris, au cours de son grand voyage, peut-être n'était-ce pas seulement pour des raisons de santé. Mais enfin, la France ayant laissé échapper cette occasion magnifique, le Japon signa avec l'Angleterre le traité d'alliance du 30 janvier 1902, prolongé et renforcé en 1905. Par cette alliance, le Japon assurait à l'Inde anglaise la protection qu'il eût pu donner à notre Indo-Chine. Pour l'avenir, l'intégrité de la Chine était garantie contre toute agression. Les deux grandes puissances devenaient, en fait, seules maîtresses des mers d'Asie, dont elles se partagaient l'empire : au Japon, les eaux d'Extrême-Orient ; à l'Angleterre, l'Océan Indien ; tandis qu'entre ces domaines particuliers, Singapour serait le point de concentration commun, le nœud de l'union navale. Mais, à la différence des sphères d'influence terrestre imaginées par l'Allemagne, ces sphères d'influence maritime ne menaçaient personne ; et en s'engageant avec l'Angleterre à maintenir la paix de l'Extrême-Orient, le Japon ne faisait qu'affirmer une fois de plus l'idée directrice de sa politique.

J'arrive au grand événement qui se produisit entre ces deux traités d'alliance, et qui, aidé par le premier, devait préparer le second : je veux dire la guerre russo-japonaise. Cette guerre, plus importante que la précédente aux yeux des Européens, nous retiendra pourtant moins longtemps, parce qu'elle ne présente rien de nouveau au point de vue de la psychologie politique. Si la Russie, qui maintenant s'était installée en Mandchourie sous prétexte d'une occupation provisoire, en arrivait à annexer ce pays, et si, par surcroît, elle étendait ses empiétements jusqu'en Corée, c'en était fait de l'intégrité chinoise comme de l'indépendance coréenne. Dès lors, le Japon serait resté la seule terre libre de l'Extrême-Orient, en face d'un immense empire qui, fatalement, à en juger par toute son histoire, aurait été tenté de l'envahir à son tour. Ainsi, même situation qu'avant la guerre sino-japonaise, et, par suite, mêmes motifs d'agir, avec cette différence seulement que la situation s'était étrangement aggravée et que, le motif d'apostolat devenant bien secondaire devant l'imminence du danger russe, le motif de sécurité passait désormais au premier plan. La Russie avançait, obstinée, insatiable, absorbant sans relâche territoires sur territoires, ne voyant de fin à ses appétits que lorsqu'elle n'aurait plus rien à conquérir ; au bout de son chemin se trouvait un pays dont le sol inviolé portait une race intelligente, énergique, désireuse de tranquillité, mais résolue à ne plus permettre qu'on vînt la menacer ou inquiéter les voisins dont elle se regardait comme la protectrice; il était évident que, si la Russie n'arrêtait pas à temps sa marche vers l'Est, elle aboutirait à une collision, et sa conduite antérieure ne laissait guère espérer cet acte de tardive sagesse. Pour ma part, je puis dire, sans vouloir m'enorgueillir d'une clairvoyance bien facile, que j'avais annoncé cette guerre six ans avant qu'elle n'éclatât : dès 1898, en effet, j'avais prédit que le choc ne pourrait être évité, à moins d'un changement de toute la politique russe ; qu'à en juger d'après l'époque prévue pour l'achèvement du Transsibérien et des nouveaux programmes d'armement japonais, il se produirait sans doute vers 1906 (je me trompais de deux ans, la construction du chemin de fer ayant été précipitée, et le Japon ayant dû hâter en conséquence ses préparatifs) ; enfin, que le Japon pourrait sûrement défendre avec succès son indépendance nationale (car si, mieux informé de l'organisation japonaise que de la situation russe, je ne prévoyais pas pour lui une guerre sans aucune défaite, je croyais cependant à son triomphe final). — En 1903, le premier express de Moscou arrivait à Dalny ; bientôt, l'aventurier Bézobrazoff allait empiéter sur la région même du Yalou : le moment était venu d'aboutir à des explications décisives. Au mois de juillet, le gouvernement japonais proposait à la Russie une solution pacifique : les deux nations se seraient engagées à respecter l'indépendance de la Chine et de la Corée, où elles auraient laissé le champ libre au commerce des autres pays. La Russie répondit par des moyens dilatoires, par de vagues négociations dont la lenteur contrastait singulièrement avec la diligence de ses préparatifs militaires. Cependant le cabinet de Tôkyô et son représentant à Saint-Pétersbourg maintenaient leurs avances avec autant de fermeté que de patience et de tact ; je ne puis insister sur ce point devant Son Excellence le baron Kourino, qui fut ce représentant, et je me contente de vous renvoyer à la correspondance diplomatique. Si le Japon avait désiré la guerre, il l'aurait faite dès l'automne, avant que l'adversaire eût eu le temps de s'organiser. Mais il ne voulait pas désespérer ; et durant six mois, bravant la colère de tout un peuple exaspéré, le gouvernement s'acharna à offrir son projet d'entente. Quand il comprit enfin l'impossibilité de faire admettre un accord qui était pourtant la raison même, il dut se décider à commencer la guerre, en février 1904. Aussitôt, la Russie lui reprocha de l'avoir attaquée sans déclaration solennelle, bien que cette formalité, qu'elle-même avait négligée en maintes rencontres, notamment lors de la guerre de Crimée, et qu'elle ne pouvait exiger dans l'état douteux du droit international, ne parût guère utile après la note si nette qui mettait fin à une vaine correspondance et dont les conditions mêmes de la rupture éclairaient assez le sens. En fait, pour quiconque ne se laisse pas détourner, par des arguties de forme, du fond essentiel d'une question, il est bien évident que, dans cette lutte, analogue à celle où l'Angleterre se plaignit d'avoir été assaillie par le Transvaal, la Russie conquérante était le véritable agresseur, la cause active de la guerre, et que le lointain Japon, menacé par elle au fond de l'Extrême-Orient, se trouvait en état de légitime défense. Il est manifeste aussi que ce débat, étranger à toute question de race ou de religion, ne comportait aucune haine de la prétendue barbarie jaune contre la civilisation blanche de la chrétienté. En réalité, pour tout esprit impartial, ce que représentait la Russie, c'était l'autocratie, l'esprit de propagande et d'intolérance religieuses, et, par un prolongement naturel de cet état intérieur dans le domaine international, l'esprit de conquête, d'exploitation, de protectionnisme ; ce que le Japon représentait, au contraire, c'était la monarchie constitutionnelle, l'instruction obligatoire, la liberté de penser, et, comme conséquences non moins normales de cette civilisation supérieure, l'esprit de justice dans les rapports avec les autres puissances, la bienveillance envers les voisins moins avancés et la liberté commerciale pour tous. Par conséquent, ce qu'eût signifié un triomphe russe, c'eût été l'écrasement du seul peuple qui incarne là-bas notre propre idéal, l'extinction de cette jeune lumière dont le rayonnement propageait déjà notre influence intellectuelle sur tous les peuples de l'Asie orientale; et ce que signifia la victoire du Japon, rendue plus belle encore par la modération dont, après Moukden et Tsoushima, il sut faire preuve à Portsmouth, ce fut, avec le salut d'un noble pays, qui avait certes assez souffert pour mériter cette revanche, le remplacement d'une politique de conquêtes territoriales par un système d'éducation pacifique, d'un désordre inquiétant par une tranquillité permanente, de frontières jalouses par une porte ouverte, c'est-à-dire un succès pour la paix de l'Asie et du monde.

La Russie refoulée dans son domaine antérieur, où son désastre même a d'ailleurs semé les germes de la rénovation bienfaisante que lui souhaitent tous les esprits libéraux ; les autres puissances d'Europe abandonnant, à sa suite, leurs installations précaires en Chine ; l'Angleterre enfin assurant dix ans de paix à son alliée, il semble que le Japon soit au bout de ses peines. Mais déjà on entend parler de nuages noirs qui s'amoncelleraient sur le Pacifique, et, comme de coutume, on prête aux Japonais des intentions conquérantes. Reste donc à dire un mot de leur politique envers les Etats-Unis. — Cette politique est claire : depuis longtemps, les vieilles injures sont oubliées, au point que les Japonais érigent un monument à Perry pour le remercier de l'utile contrainte qui les fit entrer dans l'assemblée des nations ; bien plus que l'Europe, l'Amérique a été l'éducatrice morale de ces élèves excellents, qui lui en gardent une vraie reconnaissance ; et dans les difficultés extérieures, elle n'a cessé d'accorder à ces protégés dont elle est fière le patronage le plus bienveillant. Aussi, quand les Etats-Unis, pris à leur tour du désir de jouer un rôle en Extrême-Orient, annexent Hawaï, puis les Philippines, le Japon les laisse faire, sachant que ces possessions, auxquelles il avait pourtant songé aussi, se trouveront au moins en des mains amies ; et bientôt, les regrets qui pouvaient lui rester sont effacés par cette chaude sympathie américaine qui l'encourage et le suit pendant toute la guerre russo-japonaise. Loyauté, bon vouloir, patience à toute épreuve, telles sont les qualités que montre encore le gouvernement japonais devant les procédés de la Californie : du moment que le président Roosevelt désapprouve ces provocations locales, le Japon les pardonne, détourne ailleurs le courant d'émigration qui en a été la cause, renonce en fait aux droits que lui confèrent les traités. Si le Japon entrait maintenant en guerre avec les Etats-Unis, il aurait bien vite les Philippines, et, dans cette lutte navale, il détruirait sans doute une flotte qui, si elle égale à peu près la sienne au point de vue matériel, ne la vaut pas comme personnel militaire ; mais ensuite, à coups de milliards, le duel reprendrait, sans fin. Comment supposer que les

Japonais, pour de lointains incidents qui ne menacent aucun de leurs intérêts vitaux, puissent se jeter d'un cœur léger dans une aventure aussi formidable ? Comment croire qu'ils veuillent perdre ainsi l'amitié précieuse de la seule puissance qui les ait toujours soutenus ? Comment admettre un seul instant, chez ce gouvernement pondéré, la pensée de se tourner justement contre l'un des deux champions qui protègent son propre idéal, contre ces adversaires du démembrement chinois, ces avocats du libre commerce, ces partisans résolus de toutes les causes pour lesquelles il a lutté jusqu'ici, et dont la défense a fait de l'entente cordiale avec les Américains, comme de l'alliance formelle avec les Anglais, les bases mêmes de sa politique ? Des esprits sérieux pensent, il est vrai, que, le canal de Panama terminé, l'Amérique elle-même pourra être amenée à prendre l'offensive contre le Japon accapareur des débouchés qu'elle convoite. Mais les Japonais ne songent nullement à fermer cette porte qu'ils ont ouverte. Si, en fait, nous les voyons réussir mieux que d'autres dans l'entreprise des lignes de navigation et des voies ferrées, dans l'exploitation des terres, des mines et des forêts, dans l'extension commerciale, dans tous les champs d'activité que leur offrent la Corée, la Mandchourie et l'immense marché chinois, c'est que la proximité géographique les place nécessairement dans une situation privilégiée ; mais les Américains, par la qualité de leurs marchandises et la supériorité de leurs méthodes, ont des avantages aussi à mettre en jeu contre ces rivaux qui sont, en général, des négociants bien médiocres; il y a place pour tous quand il s'agit de pourvoir quatre cent millions de clients. Je ne crois donc pas à une guerre possible entre le Japon et les Etats-Unis, surtout depuis que, par leur accord de novembre 1908, les Etats-Unis ont pris avec le Japon ces engagements de confiance mutuelle, de conservation chinoise, de libre trafic qu'il proposa en vain à la Russie; et je pense que si le Japon, qui ne songe plus qu'à la paix, qui réduit ses armements, qui évite avec soin toutes les causes de conflits, devait être entraîné à quelque guerre nouvelle, ce serait bien plutôt contre la Russie elle-même, au cas où, non contente d'avoir conservé, si près de l'archipel voisin, Vladivostok avec la moitié de Sakhaline, elle oublierait tous les enseignements du passé et voudrait reprendre un jour sa politique de conquêtes.

J'ai essayé de vous montrer clairement, à travers les complexités d'un demi-siècle d'histoire, la remarquable unité de vues qui a dirigé la politique étrangère du Japon. C'est d'abord, à la racine même de ce développement, l'esprit de paix et de justice que nous avons constaté sous le shôgounat fondé par Iyéyas. Puis, quand, de ce terroir, une jeune tige impériale émerge et monte à la lumière, c'est la défense flexible contre des attaques brutales, la croissance lente d'un arbre dont la faiblesse première se transforme peu à peu en vigueur, qui, patiemment, s'élève, fait éclater les entraves dont on l'avait enserré à l'origine, répare les blessures qu'il avait subies, devient l'égal des géants de la forêt.

Enfin, après une dernière tourmente affrontée avec courage, c'est l'apaisement, l'épanouissement tranquille, l'extension des branches qui s'élancent d'un tronc désormais sûr de sa force, et qui protégeront le sous-bois. La morale à tirer de cette élévation du Japon à la hauteur des grandes puissances, c'est que cette race jaune dont il est issu, et qu'il a prise sous sa tutelle, ne saurait supporter plus longtemps nos dédains. Au lieu de critiquer violemment le Japon pour des ambitions qu'il n'a jamais eues, ou d'admirer son dernier essor avec une surprise ignorante de sa culture deux fois millénaire, tâchons seulement de le comprendre, et, s'il se peut, de l'imiter. L'Occident a appris au Japon bien des choses ; mais il peut recevoir de lui une grande leçon. Que l'Europe continentale suive sa politique, comme ont déjà fait les États-Unis, puis l'Angleterre, défenseurs avec lui du véritable progrès, et que, comme eux, elle laisse le champ libre à son action dans le domaine normal où il rêve d'en propager les principes ; que, dans le reste de la Chine, elle renonce pour jamais aux conquêtes territoriales, mais qu'elle aborde cette vieille civilisation avec la déférence qu'on lui doit, avec la sympathie foncière qu'elle mérite ; que la France envoie là-bas des éducateurs, des savants, des médecins, des légistes, des missionnaires laïques qui, apportant notre science, c'est-à-dire le seul élément de la culture occidentale que les Chinois puissent estimer, seront les bienvenus, et, mieux que les soldats ou les apôtres religieux, ouvriront la voie au commerce ; bref, que notre pays se décide enfin à pratiquer les idées dont il s'enorgueillit sur ses monuments, qu'il reconnaisse à la Chine sa liberté de nation, qu'il la traite en égale et qu'il lui tende une main fraternelle. Ce sera la réconciliation de l'Occident et de l'Orient, de ces deux moitiés du monde qui ne se sont combattues que faute de se bien connaître ; et en nous convertissant ainsi à la paix, par respect de la plus simple justice, nous répondrons noblement à cette question que posait naguère, en des vers douloureux, l'empereur du Japon lui-même : « En cet âge du « monde où, dans l'univers entier, nous nous « croyons tous frères, pourquoi faut-il donc que la « tempête s'élève encore avec tant de fureur ?[1] » (*Vifs applaudissements*).

1 Yomo no oumi
Mina hara kara to
Omo-ou yo ni,
Nado nami kazé no
Tatchi-sawagouran ?

MESSIEURS [1],

J'ai été très touché de l'honneur que m'a fait votre société en m'offrant la présidence de cette réunion, et je lui en exprime tous mes remerciements.

Si j'ai accepté d'occuper cette place après les deux hommes d'État éminents qui m'y ont précédé — quelque périlleux que fût cet honneur — c'est que j'ai compté sur une extrême bienveillance de votre part pour mon inexpérience de la parole ; c'est aussi parce qu'il s'agissait ce soir d'un peuple pour lequel j'ai une vive sympathie depuis qu'il s'est montré pour nous un ami fidèle en demandant à la France, après les événements de 1870, cette mission militaire dont M. Revon a parlé tout à l'heure.

Je remercie en votre nom M. Michel Revon de sa conférence si intéressante et si instructive. M. Revon est de ceux qui ayant résidé de longues années au Japon, vivant et travaillant au milieu des Japonais, ont su comprendre et pénétrer l'âme japonaise.

Dans sa conférence, comme dans les ouvrages qu'il a écrits sur le Japon, il a mis beaucoup de science, d'érudition, de fine observation. Je partage son opinion sur la politique que nous devons suivre à l'égard

1. Discours prononcé par M. le général Lebon le 10 mars 1909.

du Japon : politique amicale, faite de franchise et de loyauté.

M. Revon a écrit dans un de ses ouvrages qu' « on « pourrait personnifier la vieille civilisation japo- « naise sous les traits de ce guerrier japonais, qui « partait pour la bataille en chantant des vers, avec « une fleur dans son carquois ».

Ce gracieux portrait en deux lignes n'évoque-t-il pas le souvenir du sergent « Lafleur », de nos anciens gardes-françaises, et aussi le portrait de beaucoup de nos troupiers d'aujourd'hui? C'est qu'en effet les affinités de caractère sont nombreuses entre les Japonais et nous autres Français ; je l'ai constaté maintes fois pendant les années que j'ai vécues au milieu de l'armée japonaise.

La demande d'une mission militaire que le Japon nous a adressée au lendemain de 1870 mérite qu'on s'y arrête un instant ; car elle a été le début de nos relations avec le gouvernement actuel du Japon ; elle a été en même temps le point de départ de cette transformation militaire que le Japon a su pousser si vite et si loin, et qui lui a permis de marquer son entrée dans le monde moderne par le coup de foudre de Mandchourie.

Peu de temps avant la Révolution japonaise de 1868, le gouvernement du Taïcoun avait demandé au gouvernement de Napoléon III, une mission militaire. Au lendemain de *Sébastopol* et de *Solférino* le choix de l'armée française était tout indiqué.

Cette mission dut bientôt interrompre ses travaux par suite de la Révolution japonaise ; elle rentra en

France, mais non sans laisser au Japon des souvenirs très vivaces et des amitiés solides.

Maintenant, Messieurs, rappelez-vous la situation dans le monde de la France et de l'armée française au lendemain des événements de 1870. Mais vous êtes trop jeunes pour vous souvenir. Imaginez donc, si vous le pouvez, tout ce qui se disait, tout ce qui s'écrivait alors, en Europe et hors d'Europe, en France même, sur l'armée française : je ne vous le répéterai pas, car la rougeur me monterait au front. Eh bien, à cette heure cruelle, une grande nation, le Japon, voulant créer une armée nationale et moderne pour remplacer ses troupes féodales, à qui s'adressa-t-il pour le diriger et l'instruire ? A la France, à l'armée française. N'est-ce pas là un bel exemple d'amitié fidèle de la part d'un grand peuple ? — Pour employer un mot fort à la mode aujourd'hui, n'était-ce pas un beau geste de la part du Japon ?

Et cependant, on a dit que la légèreté des Japonais leur avait fait rejeter pendant les événements de 1870, tout ce que la première mission envoyée par le gouvernement de Napoléon III leur avait apporté. C'est bien mal les connaître. La fidélité en matière d'amitié est une antique vertu du Japon. Elle a inspiré les actes innombrables d'héroïsme qui remplissent l'histoire des luttes féodales au Japon pendant deux mille ans.

Voici d'ailleurs, Messieurs, un souvenir personnel qui est assez éloquent à cet égard : Quand nous arrivâmes au Japon, après avoir rencontré tout le long de notre route, à Aden, Ceylan, Singapoor, Hong

Kong, l'influence anglaise débordante, toute-puissante, la première nuit où nous couchâmes à Tokio, nous entendîmes — surpris et émus — résonner dans les casernes japonaises, notre sonnerie française si expressive de l'extinction des feux.

Ne croyez pas, Messieurs, que cette fidélité fût aveugle. Les Japonais, dans leur perspicacité, avaient discerné que nos malheurs étaient dus, par-dessus tout, à des erreurs et à des fautes politiques avant la guerre, à des fautes aussi du commandement, imputables elles-mêmes en grande partie aux influences de la politique ; ils avaient compris que les qualités foncières de l'armée française étaient restées intactes et telles que, malgré notre grande infériorité numérique, les affaires eussent pu prendre une toute autre tournure sans les influences néfastes dont je viens de parler ; non pas que la paix dût être signée à Berlin, mais elle eût pu l'être... sur la frontière.

Cette clairvoyance de la part des Japonais doublait le prix de leur souvenir fidèle, et les officiers qui avaient l'honneur de faire partie de la mission sont toujours restés reconnaissants au Japon de leur avoir procuré un motif de fierté, particulièrement précieux à cette époque.

On a dit et répété que la mission française avait été remplacée après son départ par des missions d'autres nations. Le fait est inexact ; voici comment les choses se sont passées, d'après une conversation que j'ai eu l'honneur d'avoir avec le maréchal Oyama, dans un voyage qu'il fit en Europe en 1884 : les Japonais, après avoir suivi la direction de la mission française pendant plusieurs années, estimaient pouvoir désormais voler de leurs propres ailes; toutefois, comme ils avaient encore, pensaient-ils, besoin de s'instruire et voulaient faire de l'éclectisme, ils résolurent de demander à diverses puissances des officiers, non plus groupés en mission, mais à titre personnel et individuel, pour être des professeurs et des conseillers, d'après des programmes ou sur des questions déterminées que fixerait lui-même le gouvernement japonais. En effet, le Japon demanda à partir de cette époque des officiers et des ingénieurs militaires à la France, à l'Allemagne, à l'Italie, à la Hollande... Mais il n'y eut pas d'autre mission militaire officielle constituée, comme la mission française, avec des cadres de toutes armes, ayant son autonomie, sous le commandement d'un chef qui relevait du ministre de la Guerre de France.

Dans le domaine des constructions navales, le Japon s'est adressé aussi à la France avec une grande fidélité. Le premier arsenal maritime japonais, celui de Yokoska, fut créé par un ingénieur de la Marine française, M. Verny, auquel succéda M. Thibaudier. Après eux, d'autres ingénieurs de la Marine française se succédèrent au Japon : le dernier, notre éminent compatriote Emile Bertin, directeur honoraire des constructions navales, membre de l'Institut, pourrait être appelé le père de la flotte japonaise moderne.

Les succès des Japonaie ont été, avant tout, la conséquence naturelle de vertus d'ordre général qui rendent les peuples forts : patriotisme, point d'honneur développé au plus haut degré, culte passionné du devoir.

On a dit que les Japonais avaient le mépris de la vie, c'est une erreur. Le Japonais aime la vie et sait en jouir. Son humeur est loin d'être morose. Je ne connais pas de foules plus gaies, plus rieuses que les foules japonaises. Mais le Japonais n'hésite pas à sacrifier sa vie quand le devoir l'exige. Dans les idées japonaises, l'homme qui a failli au devoir sent peser sur lui un poids insupportable. Aussi, dans les conseils que le Mikado adressait à l'armée nouvelle, on trouve ces mots sublimes : *Le devoir est plus lourd qu'une montagne, la mort est plus légère qu'une plume*.

La loi japonaise, qui établit le principe du service militaire obligatoire, fit de tous les Japonais, à quelque classe qu'ils appartiennent, les égaux de ces Samouraïs devant lesquels ils se prosternaient depuis plusieurs siècles. Tous les Japonais se trouvèrent élevés à l'honneur jusque-là si envié de porter les armes. On comprend que cette révolution sociale eut pour résultat de faire pénétrer dans toutes les classes l'esprit militaire si intense de la caste de Samouraïs.

Les qualités militaires des Japonais m'avaient fait prévoir depuis longtemps, comme j'ai eu l'occasion de le dire à la garnison de Bourges, plusieurs années avant la guerre de Mandchourie, que les Japonais deviendraient, pour leurs voisins, Russes, Anglais, ou autres, *des adversaires redoutables ou des alliés précieux* [1].

1. Conférence sur les origines de l'armée japonaise faite à

Ces vertus militaires devaient encore s'exalter dans une guerre contre la Russie établie à Port-Arthur — Port-Arthur arraché aux Japonais huit jours après le traité de Simonosaki —, contre la Russie établie en Mandchourie et menaçant la Corée. Depuis quelque deux mille ans, le Japon luttait d'influence avec la Chine au sujet de la Corée, si bien que ce qu'on a appelé souvent « une jeune ambition d'un jeune empire » aurait pu s'appeler plus justement « la plus vieille ambition du plus vieil empire du monde ».

Les Japonais considéraient la question engagée entre eux et les Russes comme une question de vie ou de mort. L'histoire nous montre que, dans ces conditions, les forces d'un peuple sont doublées, décuplées.

Nous les avons connues, ces vertus militaires exaltées, cette volonté de vaincre au prix de tous les sacrifices, dans nos guerres contre l'Europe coalisée ; nous les avons rencontrées chez les Russes en 1812 ; elles se sont dressées devant nous, éclatantes, aux lueurs sinistres de l'incendie de Moscou ; nous les retrouverions au cœur de tous les Français, si la France était engagée dans un duel à mort.

On a dit que « la victoire préexiste à la bataille ». Pour comparer la puissance militaire de deux nations qui vont en venir aux mains, il faut tenir compte de la situation politique de chacune d'elles, des sentiments et des passions qui animent ses habitants, de ses ressources économiques et financières, de la

Bourges en mars 1897, publiée par la *Revue d'Artillerie*, décembre 1897.

force matérielle, et *surtout de la force morale* de son armée ; de la valeur du commandement, etc... Il faut aussi considérer le théâtre où se dérouleront les opérations : il est clair que la puissance militaire de la Russie ne pouvait être comparable, en Mandchourie, à ce qu'elle eût été, à la même heure, sur les bords de la Vistule ; inversement, la puissance du Japon n'aurait pas été ce qu'elle fut, si le Japon avait dû atteindre la Russie sur l'Oural ou sur le Volga.

On a reproché aux Russes de n'avoir pas manœuvré : en vérité, il ne leur était pas facile de faire des manœuvres de grande envergure, ayant au pied un fil de fer de 8.000 kilomètres qu'ils ne pouvaient risquer de voir couper, ou interrompre pendant le plus court espace de temps, sous peine de mourir de faim.

Eh bien, si après le traité de Simonosaki, tous ceux qui avaient intérêt à ce que la Russie n'allât pas consumer ses forces en Extrême-Orient avaient calculé les forces respectives de la Russie et du Japon en tenant un compte minutieux de tous les éléments dont je viens de parler, ils auraient reconnu que, suivant toute vraisemblance, *la victoire japonaise préexistait à la bataille*. Des mathématiciens en auraient conclu que la Russie devait faire l'économie d'une guerre en Extrême-Orient ; elle n'eût pas été à Port-Arthur ; elle aurait évité les répercussions si graves que la guerre a eues sur son évolution intérieure ; l'Europe eût fait l'économie de beaucoup d'heures de trouble et d'inquiétude,... qui ne sont pas finies ; le Japon, vainqueur seulement de la Chine, aurait travaillé, dès le traité de Simonosaki, à asseoir solidement, comme il le fait aujourd'hui, son influence prépondérante en Corée, réalisant ainsi son rêve vingt fois séculaire.

Mais, Messieurs, les mathématiciens ne gouvernent pas le monde, et les passions humaines ne paraissent pas encore disposées à se laisser étouffer sous les formules algébriques.

L'erreur de l'opinion publique au sujet de la force militaire du Japon n'est pas un fait isolé.

Vous rappellerai-je les idées erronées qu'on avait, à la veille de 1870, sur l'organisation et la force de l'armée prussienne? — au début de l'expédition du Tonkin, sur les forces chinoises? — et pourtant, dans ces deux circonstances, comme avant la guerre de Mandchourie, les conseillers avisés n'ont pas fait défaut.

Lorsque l'opinion publique a adopté une idée préconçue sur une question qu'elle ignore, il est impossible de la faire revenir; les conseillers avisés sont considérés par elle comme des fous ou des illuminés.

Mais, quand cette opinion publique est tirée de son erreur brutalement, par la réalité des faits, elle s'oriente sans plus de réflexion, brusquement, dans un sens diamétralement opposé, comme la girouette la plus mobile sous l'action d'un vent d'orage. Cette même opinion publique, qui considérait le Japon comme un petit Poucet dont l'ogre russe ne devait faire qu'une bouchée, découvrait, après Moukden, que l'ogre c'était le Japon, qui allait dévorer le Monde.

Il y a quelques mois encore, avant qu'un accord fût signé, le 30 novembre dernier, entre le Japon et les États-Unis, l'opinion publique n'était pas éloignée de croire que le Japon allait commencer ce festin pantagruélique par une guerre avec les États-Unis.

L'opinion publique. quand elle n'est pas éclairée, est une terrible girouette : je dis terrible, car celle qui surmonte nos clochers ne fait qu'annoncer la tempête ; l'opinion, trop souvent, la déchaîne.

Ceci m'amène à vous dire, en terminant, combien est grande, combien est nécessaire votre mission dans notre société actuelle. Vous avez formé et vous continuez à former des hommes d'État et des diplomates éminents. Cela pouvait suffire sous les gouvernements de pouvoir absolu (à la condition que le souverain fût assez éclairé pour choisir des hommes de valeur, assez énergique pour les soutenir). Aujourd'hui, il ne suffit pas de bons diplomates pour faire de la bonne diplomatie. Hommes d'État et diplomates ont besoin d'être soutenus par l'opinion publique ; car *l'opinion est souveraine.*

Dans un entretien que j'ai eu l'honneur d'avoir avec le président Carnot sur des questions relatives à l'Afrique centrale, le président me disait : « Certes, il serait bon de prendre telle ou telle mesure, mais nous sommes un gouvernement d'opinion. Nous ne pouvons rien sans l'opinion publique. Or, l'opinion ne s'intéresse pas à ces questions,... elle les ignore... »

(Je m'empresse d'ajouter que depuis vingt ans, grâce à nos vaillants et nombreux explorateurs dans l'Afrique centrale, la situation n'est plus la même).

Eh bien, Messieurs, vous êtes le foyer qui doit propager, faire pénétrer dans l'opinion publique, des notions précises, des idées saines sur les pays étrangers. Vous avez déjà beaucoup fait dans ce sens. En France, quand les choses ont commencé à marcher, elles marchent vite; aussi, quand on voit le développement magnifique qu'a pris votre Ecole sous l'action des hommes si éminents qui l'ont fondée et qui la dirigent, on peut espérer que le jour n'est pas éloigné où vous aurez doté la France d'une opinion publique *pondérée*, consciente de nos intérêts légitimes, comme de ceux des autres pays, incapable des affolements dont ma génération a eu parfois le spectacle; ce jour-là, vous aurez rendu à notre pays le plus signalé des services, d'où dépend sa grandeur dans le monde. (*Applaudissements prolongés.*)

V

LA FRANCE ET LA SITUATION POLITIQUE EN EXTRÊME-ORIENT

ALLOCUTION DE M. ÉTIENNE

DÉPUTÉ, VICE-PRÉSIDENT ET ANCIEN PRÉSIDENT
DU COMITÉ DE L'ASIE FRANÇAISE

CONFÉRENCE DE M. ROBERT DE CAIX

DIRECTEUR DU « BULLETIN DE L'ASIE FRANÇAISE »
CHARGÉ DE MISSIONS EN EXTRÊME-ORIENT

Messieurs [1],

Je dois vous dire en toute sincérité que je me considère comme très honoré d'avoir à présider la conférence de mon excellent ami, M. Robert de Caix.

Je n'ai pas besoin, j'imagine, dans un milieu où il a déjà été entendu, de dire ce que je pense de mon ami. Vous avez pu apprécier la valeur de l'écrivain et de l'orateur, la plume si fine et si avisée du journaliste, et aussi, ajoutons-le bien vite, le grand cœur de patriote et de Français qu'il est. (*Applaudissements.*)

M. Robert de Caix est arrivé, il y a quelques semaines, d'un grand voyage qu'il avait entrepris en Asie ; le temps considérable qu'il a dépensé pour vérifier, examiner, contrôler, fouiller tous les grands problèmes qui s'agitent dans le monde asiatique ne lui a pas permis de rentrer à l'heure qu'il s'était assignée à lui-même, ce qui a fait que cette conférence, annoncée depuis longtemps, n'a pu avoir lieu qu'un peu tardivement, c'est-à-dire à l'heure actuelle.

M. de Caix va se faire entendre, je vais lui donner la parole, mais auparavant, puisque mes regards se portent tout naturellement vers ceux que je trouve

1. Allocution de M. Etienne prononcée le 11 décembre 1909.

devant moi, et que je constate combien les jeunes gens y sont nombreux, je voudrais profiter de ma présence dans cette belle et noble maison pour dire aux jeunes de s'affilier le plus rapidement qu'ils le pourront à la Société amicale des anciens élèves de l'École des Sciences politiques. Ils ignorent encore peut-être tous les attraits et tout le charme qu'ils rencontreront à frayer avec leurs anciens ; ils y rencontreront des exemples et des enseignements qui leur seront très profitables, en dehors de l'aménité toute naturelle qui leur sera témoignée. Ils s'y trouveront en contact avec des hommes qui n'ont jamais eu qu'un souci : celui du bien public, et ils prendront là des habitudes d'élévation de pensée et de sentiments qui ne pourront que leur être profitables.

A côté de ces avantages moraux, ils rencontreront des avantages matériels. La Société s'occupe de la mutualité, ce qui est une excellente chose ; elle fait faire des promenades aux jeunes gens dans Paris et dans les environs. Les arts d'agrément y sont en honneur puisqu'une salle d'armes est à la disposition de tous les élèves ; enfin ceux-ci peuvent jouir des conférences qui ont lieu fréquemment, des grandes conférences, d'abord, qui se poursuivent depuis plus de trois ans vous savez avec quel succès, et des conférences intimes qui se font à l'intérieur.

En terminant, ma pensée va à celui pour lequel je professe, depuis de longues années, quoique lui soit jeune et moi très avancé... (*Rires et applaudissements*)... pour lequel j'ai eu une si vive et si profonde affection. Je serais heureux que vous lui accordiez le bonheur qu'il recherche : vous voir le plus nombreux possible autour de lui. Vous lui accorderez ce plaisir et j'en serai le premier réjoui.

Sur ce, je donne la parole à mon excellent ami, M. Robert de Caix. (*Applaudissements.*)

Messieurs [1],

Ce n'est pas tout à fait de mon plein gré, Messieurs, que je parais ce soir devant vous. J'aurais voulu que notre Société me donnât le temps de laisser décanter un peu l'eau encore trouble et chargée que je rapporte d'Extrême-Orient. Je n'ai pas eu le loisir de revoir mes notes, tout au plus ai-je pu jeter, pour mettre un peu d'ordre général dans mes idées, un coup d'œil sur les enveloppes dans lesquelles mes fiches sont réparties par catégories un peu hâtivement différenciées. Mais notre Société a été impérieuse. La conférence de clôture devait avoir lieu cette année même : vous savez que l'autoritarisme des organisateurs ne tient jamais grand compte des scrupules, même justifiés, de ceux qu'ils poussent en scène. J'ai dû m'exécuter, mais je ne vous apporte ce soir que des impressions qui nécessiteraient une mise au point et une justification par une documentation qui devrait être réunie à loisir. Vous ne ferez reproche du caractère un peu général et superficiel de cette conférence qu'à ceux qui me forcent à vous servir un fruit encore vert.

Dans le monde entier et particulièrement en France — je vous parle en Français et non en simple

1. Conférence de M. de Caix faite le 11 décembre 1909.

curieux de la politique internationale — on croit, depuis la guerre russo-japonaise, qu'un péril japonais immanent domine toute la question d'Extrême-Orient. Je ne pense pas qu'il soit juste de résumer ainsi les choses. La question extrême-orientale est, en réalité, entièrement dominée par l'énorme problème que la réforme chinoise pose devant notre génération. Si cette réforme s'accomplit graduellement et sagement, sans grande secousse menaçant les étrangers et capable de provoquer par là une intervention, il y a toutes les chances pour que personne ne viole la paix de l'Extrême-Orient. C'est qu'il existe maintenant un équilibre extrême-oriental, dont le principal facteur est le poids grandissant de la politique des États-Unis dans cette partie du monde. L'attention que cette grande puissance donne à l'Extrême-Orient consolide de plus en plus ce droit international, assurant l'intégrité de l'empire chinois et, par là même, le *statu quo* de tout l'Extrême-Orient, qui résulte des traités passés entre le Japon et toutes les nations ayant « pignon sur rue » dans l'Asie orientale. Le premier a été l'alliance anglo-japonaise renouvelée et modifiée le 12 août 1905, à la veille de la paix de Portsmouth ; le second, l'accord franco-japonais du 10 juin 1907 ; le troisième, l'accord général russo-japonais du 30 juillet 1907, et enfin le dernier, l'entente entre les États-Unis et le Japon, formulée dans les notes échangées, le 30 novembre 1908, entre les gouvernements de Tokyo et de Washington. Tous ces traités obligent les parties contractantes à respecter l'intégrité de la

Chine. Tous ont des stipulations analogues à celle que le dernier d'entre eux, l'accord américo-japonais, formule ainsi : « Les deux gouvernements sont déterminés à sauvegarder les intérêts communs de toutes les puissances en Chine en donnant leur appui, par tous les moyens pacifiques dont ils disposent, à l'indépendance et à l'intégrité de la Chine. Si un événement surgissait, menaçant le *statu quo* ci-dessus mentionné, il appartiendrait aux deux gouvernements de communiquer entre eux pour s'entendre sur les mesures qu'ils pourraient considérer comme utiles à prendre. »

Je sais que beaucoup ont considéré avec scepticisme ces actes sur lesquels se fonde le droit international de l'intégrité de la Chine. En ce qui concerne l'alliance anglo-japonaise on a dit que, depuis la guerre qui a laissé les mains libres au Japon, elle ne parlait du *statu quo* de la Chine que pour rendre un hommage apparent à la décence internationale. On a douté de la valeur et de l'efficacité des phrases que l'accord franco-japonais consacrait au respect de l'intégrité chinoise. Quant à l'accord général russo-japonais, on l'a considéré comme une sorte de clause de rigueur, inscrite à la fin des arrangements qui réglaient les détails de l'exécution du traité de paix de Portsmouth.

Peut-être ce scepticisme était-il un peu exagéré, mais il l'est assurément depuis que l'accord nippo-américain, et surtout depuis que la politique américaine qu'il exprime sont venus mettre une clé de voûte à cet édifice international jusque-là peut-être fragile et assurément incomplet. Les États-Unis, on ne peut en douter, veulent sérieusement le maintien de la Chine et ils ont les moyens de donner une signification matérielle à cette volonté.

*
* *

Leur politique à cet égard est parfaitement formée : leur affirmation du respect dû à l'intégrité de la Chine est comme une extension et une adaptation à l'Extrême-Orient de la fameuse doctrine de Monroe. Les passages que M. Roosevelt consacrait dans ses Messages à la politique étrangère contenaient régulièrement une allusion à la nécessité de maintenir l'intégrité de la Chine. Ce parti pris devait devenir encore plus ferme avec M. Taft, l'héritier désigné du président Roosevelt, qui, ne l'oublions pas, a commencé en Extrême-Orient à étendre son action hors des limites et des horizons intérieurs de son pays. Le président actuel de la République des États-Unis a été, pendant quatre années, le premier gouverneur civil des Philippines. En 1907, M. Taft est retourné dans l'Archipel pour y ouvrir la première assemblée nationale que le libéralisme de la politique des États-Unis a permis aux Philippins de réunir. Pendant ce voyage, M. Taft prononça à Changhaï un discours dans lequel il présentait le maintien de l'intégrité de la Chine comme un dogme de la politique des États-Unis. Il n'est pas étonnant qu'il l'ait proclamé encore dans son message du 7 décembre au congrès.

Cette politique s'est manifestée déjà dans la pratique, dans les relations entre le gouvernement de Washington et la cour chinoise. Les Américains ne manquent pas une occasion de se poser en amis, en conseillers désintéressés de la Chine. Chaque fois qu'a été soulevée la question de la réduction des effectifs des troupes étrangères laissées dans le Tche-li à la suite du soulèvement des Boxeurs, ils ont eu l'attitude de libérateurs du territoire chinois. Reconnaissant qu'ils avaient sans doute trop demandé à la Chine en indemnité des dommages subis et des dépenses qu'ils ont dû faire lors des événements de 1900, ils ont fait remise l'an dernier au gouvernement chinois du solde encore non payé de cette indemnité. C'est une somme très importante qui doit servir à payer le séjour d'un grand nombre d'étudiants chinois aux États-Unis.

L'attitude des États-Unis a été également favorable à la Chine dans la question encore pendante du régime légal des terrains concédés aux chemins de fer russes et japonais en Mandchourie. Alors que les autres puissances, retenues par le souci des relations internationales en Europe, par les liens de leurs ententes ou de leurs alliances, ne désiraient prendre aucune initiative en cette affaire, les États-Unis ont protesté, au nom de l'égalité pour les ressortissants étrangers en Chine et de l'intégrité de ce dernier pays, contre les règlements municipaux russes institués à Kharbine. Les représentants consulaires des États-Unis que j'ai vus pendant mon voyage ne cachaient d'ailleurs pas que, par cette action, leur gouvernement se préoccupait d'établir les droits des étrangers et ceux de la souveraineté territoriale non seulement sur les concessions que les Russes ont conservées dans le nord de la Mandchourie, mais encore et davantage peut-être sur celles que la paix de Portsmouth a données aux Japonais dans le sud et dont ces derniers font le meilleur usage possible pour s'implanter dans le pays.

Tels sont les faits, et j'en oublie sans doute, qui ont clairement manifesté la tendance de la politique très indépendante, très nette et certaine de son objet que les États-Unis poursuivent à l'égard de la Chine. Elle a semblé si caractéristique que, il y a quelques mois, le *New York Herald* a lancé la nouvelle de la conclusion imminente d'une alliance sino-américaine. Ce n'était qu'un « canard » mais qui, du moins, s'il devançait de beaucoup le vent, volait dans la direction manifeste de ce dernier.

Les journaux chinois lui ont d'ailleurs fait un excellent accueil. Rien de plus frappant que le changement de leurs sentiments à l'égard des Américains. Il y a trois ans, c'était encore le boycottage, dans tout le sud de la Chine, des marchandises américaines, pour punir les États-Unis d'exclure les coolies chinois de leur territoire. Aujourd'hui, sans que rien ait été changé à cette exclusion, c'est la confiance, l'espoir dans les États-Unis. C'est que, pour les Chinois, il est beaucoup moins important d'envoyer des travailleurs en Californie que d'être en sécurité dans leur propre pays et de pouvoir y tenter tranquillement leur réforme. Pour cette sécurité, ils comptent sur l'Amérique qui se pose en champion, au moins diplomatique, de l'intégrité de la Chine. Et il faut bien se persuader que le périple de la flotte américaine qui a stationné à Yokohama et dont une partie a touché à Amoy, à la fin de 1908, a été pour les Extrême-Orientaux une impressionnante démonstration de puissance navale. Si on ajoute que l'Angleterre, de plus en plus soucieuse de ses forces dans la mer du Nord, a beaucoup réduit son escadre des mers de Chine, on comprendra encore mieux l'effet produit par la visite de la flotte américaine sur le classement des puissances blanches dans l'esprit des Extrême-Orientaux. Aujourd'hui l'Amérique est la grande nation occidentale pour les Chinois. Son influence est, de loin, la première à Pékin. Nous nous en sommes bien aperçus lorsque l'accord conclu par l'Angleterre, la France et l'Allemagne réunies avec la Chine pour « financer » l'emprunt des chemins de fer Canton-Hankéou et de Hankéou au Seu-tchouan est devenu caduc par l'effet d'une simple visite de protestation du chargé d'affaires des États-Unis à Pékin au Ouai ou Pou. Certains financiers anglais qui avaient mené l'opération se souciaient uniquement, tenus qu'ils étaient par les liens d'affaires, d'introduire les Allemands dans la combinaison, et agissaient comme si on pouvait tenir les Américains de l'autre côté de la porte. Il a suffi d'un geste très modéré de ceux-ci pour prouver, au contraire, que rien ne se ferait désormais sans eux en Chine. Ce sujet me rappelle la paraphrase que j'ai entendue à Pékin, l'année dernière, d'un mot qui avait été inventé pour définir la position respective des puissances étrangères représentées à Londres : « Il n'y a ici qu'un seul ministre, celui des États-Unis. »

*
* *

Mais, m'objecterez-vous peut-être, s'il y a, dans les affaires chinoises, un ange blanc, l'Amérique, en face d'un ange noir, le Japon, comment une telle opposition s'accorde-t-elle avec ce que vous disiez tout à l'heure des États-Unis, facteur principal du maintien de la paix en Extrême-Orient ? Le Japon, dont les richesses minières sont faibles, qui produit peu de matière première pour la grande industrie qu'il a créée et qui lui est nécessaire pour satisfaire aux besoins grandissants de sa population qui augmente en nombre et dont les besoins vont en se développant de plus en plus, et pour soutenir son train de grande puissance, le Japon ne doit-il pas pour vivre essayer de dominer et d'exploiter au moins une partie de la Chine ? N'a-t-on pas pu lui attribuer justement l'idée d'intervenir sous un prétexte quelconque en Chine et de se faire payer une indemnité qui lui servirait de fonds de roulement pendant un certain nombre d'années ? Ne peut-on pas dire de lui, comme de la Prusse d'une certaine époque, que la guerre est son industrie nationale et qu'il entrera nécessairement en collision avec la puissance qui voudra lui interdire le terrain sur lequel il pourrait espérer exercer cette industrie ?

Ces objections viennent naturellement à l'esprit. Je dois admettre qu'il y a quelque chose d'un peu poignant dans les perspectives du Japon qui a construit un grand édifice sur la base relativement étroite que lui donne son sol. Je le sais d'autant plus que je sens toute la sympathie que mérite ce pays qui a montré une si grande vertu, dans le sens étymologique et donc viril du mot. Mais je ne suis pas prophète et je ne veux pas me risquer à prédire à l'avenir ce que certains éléments de la situation présente semblent lui promettre. Et il me semble seulement que le tempérament de la politique japonaise, l'équilibre des forces qui s'appliquent aux affaires d'Extrême-Orient, les précautions de la diplomatie américaine, les procédés que le Japon adopte pour satisfaire à ses besoins, au moins pour un certain nombre d'années, tous ces éléments me paraissent promettre que la politique de plus en plus nette de l'Amérique en Chine doit être facteur de paix et non pas de guerre.

***

Et tout d'abord le tempérament de la politique japonaise, que d'extravagances n'a-t-on pas débitées sur ce sujet ! Il ne faudrait cependant pas que la mauvaise humeur très naturelle, presque honorable pourrait-on dire, que nous a inspirée la défaite infligée par le Japon à nos alliés, nous fasse considérer ce pays comme le capitaine Fracasse de l'Extrême-Orient. En entamant les hostilités contre la Russie dans les premiers jours de février 1904, le Japon n'a fait qu'ouvrir la plus légitime guerre préventive de défense nationale. Une politique russe qui ne voulait pas se définir essayait d'absorber la Corée après la Mandchourie. Si le Japon avait laissé opérer cette absorption, il aurait été ce que nous serions si nous laissions, sans tirer l'épée, l'Allemagne s'emparer de la Belgique ou de la Hollande ; il n'aurait plus mérité de vivre parce qu'il n'aurait pas su vouloir les conditions nécessaires à sa vie. Mais il a eu les organes directeurs qui ont su vouloir et il a été sauvé.

Il a cependant longtemps hésité, malgré toutes les raisons qu'il avait d'agir, avant de tenter le sort des armes. N'oublions pas que les négociations russo-japonaises, ouvertes par le Japon en présence des entreprises russes en Corée, ont traîné pendant toute la fin de l'année 1903 et janvier 1904. Le Japon conduit par ses Anciens a tout fait pour éviter une guerre qui l'effrayait et régler par la diplomatie la question de Corée. Les Ito, les Inouyé, les Yamagata, les patriotes qui ont fait le Japon nouveau, conseillers qu'un empereur, aussi fidèle à ces hommes d'État que le fut Louis XIII à Richelieu, a toujours gardés autour de lui et qui ont été les vrais moteurs de la politique japonaise, se sont montrés hommes d'action audacieux, comme des anciens samouraï qu'ils étaient, mais jamais ils n'ont agi sans mesurer l'obstacle.

Or celui que représente la force des États-Unis est très impressionnant. La flotte qu'ils ont promenée l'an dernier en Extrême-Orient a été remarquée par les experts même les plus sceptiques en ce qui concerne la valeur de la marine américaine. Je le sais par les opinions que j'ai entendu émettre devant cette flotte rassemblée dans la rade de Yokohama. Si elle n'est pas capable de faire ce qu'il lui plairait dans les eaux japonaises, jamais il ne serait possible au Japon de prendre sur elle la maîtrise du Pacifique. Les États-Unis travaillent en ce moment à établir une base navale formidable à Pearl-Harbour, dans les Havaï. Des hommes compétents ont exprimé devant moi l'opinion qu'en présence des forces qu'une telle lutte mettrait aux prises, il serait très risqué pour le Japon d'attaquer même les Philippines. On sent très bien à Tokyo qu'il serait impossible d'imposer la paix à l'Amérique et que ce serait la ruine par une guerre sans issue. On sait que les ressources financières et la métallurgie des États-Unis, leur vitalité générale leur permettent d'augmenter leur marine avec une rapidité dont les progrès considérables réalisés ces dernières années ne donnent même pas toute la mesure. Jamais, assurément, dans les conseils du Mikado, on n'a méconnu la force de l'Amérique au point de concevoir le projet que certains prêtaient gratuitement aux Japonais, au moment de la tension provoquée par les mesures prises dans les États de l'Ouest contre les ressortissants nippons : celui de mener une campagne rapide qui se terminerait par le paiement au Japon d'une grosse indemnité de guerre. La force est à la diplomatie ce que l'encaisse métallique est à la circulation fiduciaire, et la diplomatie américaine n'est nullement dépourvue, comme on l'imagine trop souvent chez nous, de cette raison essentielle d'avoir du crédit.

Il convient d'ajouter, pour bien faire mesurer la valeur des éléments de la situation internationale actuelle de l'Extrême-Orient, que les États-Unis. puissance qui ne cesse de grandir, ont toutes les chances d'être dans cette partie du monde un facteur beaucoup plus libre, beaucoup plus constant qu'aucune autre nation occidentale. Aucun conflit européen ne peut, en effet, les entraîner, ni paralyser en quoi que ce soit leurs moyens d'action. Ce fait s'est déjà manifesté, en pleine paix, par le seul jeu des derniers déplacements de l'équilibre des forces européennes : tandis que l'Angleterre, inquiète du développement naval de l'Allemagne, affaiblissait ses stations lointaines, y compris celle d'Extrême-Orient, au profit de ses escadres métropolitaines, les États-Unis n'hésitaient pas à faire la grande démonstration de transférer pour un temps toute leur flotte de l'Atlantique dans le Pacifique où ils se disposent à garder en permanence beaucoup plus de navires qu'ils n'en avaient jusqu'ici. Et l'achèvement du Canal de Panama, que l'on prévoit pour 1915 ou 1916, leur permettra d'amasser rapidement toutes leurs forces à l'Ouest ; cette œuvre sera pour la marine américaine ce que serait pour la nôtre le creusement du canal des deux mers.

Le temps ne travaille pas plus sur ce terrain là que sur les autres contre une puissance qui se développe d'ailleurs à tous égards. Et, en outre, la politique américaine doit être l'objet d'autant plus de considération à Tokyo qu'elle pourrait bien entraîner dans certains cas celle de l'Empire britannique lui-même.

*
* *

Les situations à l'égard du Japon, de la puissance alliée et de la puissance amie, qui, toutes deux, ont noué avec lui des liens tendant au respect de l'intégrité de la Chine, ne sont pas, en effet, très indépendantes l'une de l'autre. Les deux plus grandes colonies autonomes de l'Angleterre, le Canada et l'Australie, se sentent en solidarité étroite avec les États-Unis lorsqu'il s'agit au moins d'un des côtés du problème extrême-oriental. Sans doute les gouvernements canadien et australien n'ont pas formulé, et n'avaient pas à le faire, les mêmes dogmes que le cabinet de Washington en ce qui concerne le *statu quo* de l'Extrême-Orient, mais si le souci du maintien de l'intégrité de la Chine aboutissait jamais à un conflit entre les États-Unis et le Japon, ces deux grandes colonies éprouveraient pour les Américains une sympathie d'une ardeur bien gênante pour le gouvernement de Londres allié au Japon. C'est qu'elles ont eu à traiter comme l'ont fait les États-Unis la question de l'immigration asiatique. Au moment où le gouvernement de Washington discutait cette question en ce qui concerne les immigrants japonais, le problème se posait exactement de la même manière pour le Canada. Quant à l'Australie, depuis la guerre russo-japonaise, elle est hantée par la crainte du « Péril jaune ». Elle affirme, par des lois restrictives de l'immigration asiatique, sa volonté de ne pas laisser porter atteinte au principe de « l'Australie blanche » ; mais elle sent que 4 millions environ d'habitants dans tout un continent désirable pour les colons asiatiques, c'est bien peu — c'est surtout en pareille matière qu'il est juste de dire que la nature a horreur du vide. Les Australiens ont quelque peu renoncé, pour attirer chez eux des colons blancs, aux lois qu'avait fait voter leur protectionnisme ouvrier féroce. Ils ont commencé un effort d'organisation militaire et navale. Mais ils comptent aussi un peu sur les autres en cas de danger; la réception presque délirante faite l'an dernier par Sydney à la flotte américaine, a bien montré de quel côté ils regardaient pour chercher des éléments d'équilibre et de *statu quo* dans le Pacifique, et de quel côté aussi ils redoutaient de voir porter une atteinte à ce *statu quo*. D'ordinaire les hommes ne s'aiment pas si fort, si ce n'est contre quelqu'un, et jamais cette loi n'a été mieux vérifiée que lorsque le pavillon étoilé, porté par une flotte formidable, a paru dans les eaux australiennes.

Les sentiments non équivoques de ces filles émancipées, pour lesquelles l'Angleterre a toujours montré tant de considération, seraient un grand embarras pour la politique britannique si le Japon se lançait dans une politique l'exposant à un conflit avec les États-Unis. Il faut rappeler qu'aucune puissance n'est plus soigneusement « cultivée» par l'Angleterre que la grande République américaine. Tout cela pourrait, dans certaines éventualités, mettre à une trop rude épreuve l'alliance anglo-japonaise. Tout cela déconseille au Japon une politique qui le mettrait trop en délicatesse avec la puissance qui s'est prononcée de plus en plus nettement depuis quelques années pour le maintien de l'intégrité de la Chine et du *statu quo* de l'Extrême-Orient.

*
* *

Remarquons que, d'ailleurs, l'Amérique applanit au gouvernement de Tokyo les voies dans lesquelles elle désire le voir marcher. Dans cette affaire la diplomatie des États-Unis a toujours paru s'inspirer du conseil du président Roosevelt qui voulait que l'Amérique eût la courtoisie d'un homme très fort qui sait ce qu'il se doit à lui-même mais aussi ce qu'il doit aux autres. Le cabinet de Washington n'a pas affecté de se faire le protecteur de l'intégrité de la Chine contre le Japon mais bien avec lui. Le traité du 30 novembre 1908 associe, d'une manière flatteuse, aux Etats-Unis la puissance de qui l'on pourrait attendre des entreprises contre son voisin chinois. Enfin, surtout dans ces derniers temps, la diplomatie américaine a semblé de plus en plus résolue à faire la part des faits et des efforts accomplis. Elle n'oppose pas avec une rigueur juridique le dogme de l'intégrité de la Chine et même celui de la « porte ouverte » aux

Japonais en Mandchourie, pour leur disputer trop âprement les fruits, en somme parfaitement légitimes, de leurs sanglantes victoires. Là eût été le danger. Les Américains portaient à la Mandchourie un intérêt qui les aurait facilement mis en délicatesse avec le Japon qui ne peut évidemment faire bon marché de la situation qu'il a si chèrement acquise dans ce pays. Mais à moins d'ajouter foi à des nouvelles peu croyables, il ne semble pas que la diplomatie américaine doive manquer, sur ce terrain, d'équité et même de bon sens. On avait, à vrai dire, pu croire l'an dernier, lors de leur protestation de Kharbine, que les Américains se montreraient intransigeants en Mandchourie, ce qui eût été une injustice contre le Japon. Leur attitude en présence de la Convention récemment imposée par Tokyo à Pékin, dans la question de la réfection du chemin de fer d'Antoung à Moukden et dans celle du règlement minier applicable à l'exploitation de certains gisements mandchous, est venue montrer qu'il n'en devait rien être. Les Américains semblent bien avoir compris qu'il existait en Mandchourie une situation de fait assez chèrement acquise par le Japon pour qu'on ne lui applique pas, avec le *summum jus*, le principe de l'intégrité de la Chine. Et, d'une manière générale, bien que les deux politiques semblent avoir nécessairement au fond des tendances opposées, les relations entre les États-Unis et le Japon, depuis que, par des formes qui n'ont rien changé au fond de l'exclusivisme américain, on a réglé, il y a deux ans, la question de l'immigration des ouvriers japonais en Amérique, présentent les plus flatteuses apparences de courtoisie et même de cordialité. Il serait trop long d'en donner des exemples, mais les dirigeants japonais ne manquent jamais une occasion de se livrer aux démonstrations pouvant donner l'idée que l'Amérique est la nation *gratissima* auprès de l'empire du Soleil Levant.

*
* *

A cette attitude, on doit donner une dernière raison, celle à laquelle je faisais allusion tout à l'heure en disant que la manière dont le Japon cherche à faire face aux besoins de son développement dans sa phase actuelle le détournait, au moins pour un temps, de toute politique agressive et inquiétante en Extrême-Orient. Le Japon veut s'adresser, le plus largement possible, aux capitaux de l'Occident. Il a beaucoup plus besoin de trouver du crédit que de courir des aventures qui commenceraient par l'en priver absolument et dont le rendement serait au moins éloigné. C'est même cette raison, en dehors des considérations internationales et des dépenses énormes de l'opération, qui aurait dû convaincre les Français qui ont parlé, avec une obstination aussi inconvenante qu'imprudente, du péril japonais pour l'Indo-Chine, qu'une entreprise japonaise contre notre colonie est en dehors des éventualités dont nous avons à nous inquiéter, au moins pour un avenir prochain. Ce souci de recourir aux marchés financiers de l'Occident pour développer son industrie et créer de la richesse au lendemain d'une guerre qui, faute d'indemnité finale, n'a rapporté au Japon que des bénéfices d'ordre stratégique et moral, ce souci d'emprunter aussi pour avoir les moyens de mener à bien les entreprises coréennes et mandchoues permises par la paix de Portsmouth, semble dominer toute la politique japonaise et déterminer sa volonté de faire actuellement partout patte de velours. Il a certainement été pour beaucoup dans ces traités, en grande partie, pour ainsi dire, décoratifs que le Japon a signés avec la France et la Russie, s'engageant à respecter la situation de ses partenaires en Extrême-Orient et l'intégrité de la Chine. Ces accords avaient pour une bonne part, sans doute, pour but de rassurer des prêteurs éventuels. Le Japon a créé à Londres une agence financière. Il tend vraisemblablement à la conversion de son 5 p. 100 qui a dépassé le pair et il compte pouvoir emprunter bientôt à meilleur marché. Cette raison nous promet que, pendant une période au moins, la politique japonaise ne fera rien qui puisse la mettre en difficulté avec les États-Unis, embarrasser ses alliés anglais et irriter, inquiéter la France.

*
* *

Cette raison à elle seule devait rendre hasardeuse une tentative fort singulière faite à Tokyo pour orienter le Japon dans une voie toute différente. Pour qui connaîtrait un peu mieux que moi le dessous des cartes, il y aurait sans doute un bien curieux chapitre à écrire sur les initiatives imprévues de la diplomatie allemande en Extrême-Orient. Mais on en dit assez à Tokyo pour que le passant se rende compte que, là comme ailleurs, l'Allemagne, puissance inquiète, semble bien avoir essayé de brouiller les cartes et a certainement tenté de porter atteinte aux groupements établis. Vous avez sans doute lu dans les journaux des dépêches d'origine allemande parlant, dans des termes pleins de sous-entendus pour la Russie, de la possibilité d'une alliance austro-japonaise, voire même turco-japonaise. Une telle combinaison eût donné à l'Allemagne un bâton japonais pour faire marcher droit la Russie. C'eût été sur un autre terrain quelque chose comme le bâton égyptien dont Bismarck aimait à se servir pour faire marcher la France et l'Angleterre en les opposant l'une à l'autre, et dont la disparition, en 1904, déplut si fort à la politique allemande qu'elle ouvrit incontinent, croyant le remplacer, la crise marocaine.

Jamais à Tokyo on n'aurait, selon toute vraisemblance, inventé une combinaison pareille, mais il semble bien qu'on l'ait inventée un moment pour Tokyo. L'Allemagne est représentée là-bas par un ambassadeur plein de zèle et d'initiatives. Les journaux extrême-orientaux d'inspiration allemande ont commencé à parler de la décadence de l'alliance anglo-japonaise. L'Allemagne, qui ne voulait pas s'engager elle-même, a mis en avant le « brillant second » ou même la Turquie. Elle cherchait, en somme, à exploiter l'attitude des colonies anglaises de l'Extrême-Orient qui aiment peu les Japonais, comme d'ailleurs l'unanimité des groupements occidentaux de cette partie du monde, et dont les sentiments se sont souvent traduits par le ton des dépêches que les journaux britanniques recevaient de leurs correspondants des ports de la Chine. Il y avait peut-être là un danger pour les relations anglo-japonaises, sans qu'il fallût aller jusqu'à prendre au sérieux l'épouvantail austro-japonais ou turco-japonais. Ce danger était appréciable pour une Angleterre dont l'attention se concentre de plus en plus sur l'Europe et qui ne désire pas avoir ailleurs de trop fortes causes de distractions. Peut-être est-ce pour cette raison, pour corriger par un apport de large esprit impérial l'esprit trop local des Anglais d'Extrême-Orient, que M. Chirol, directeur de la politique étrangère du *Times,* a fait en Chine et au Japon, au printemps de cette année, un voyage fort remarqué et qui lui a valu, de la part des Japonais, une réception des plus enthousiastes. L'alliance anglo-japonaise ne paraît pas se porter beaucoup plus mal qu'avant les ballons d'essai inattendus qui ont été lancés pour essayer d'en amener le remplacement. Je viens de dire, d'ailleurs, sur quelles raisons de politique américaine et de politique intérieure japonaise elle peut s'appuyer pour durer, de même que la bonne entente entre notre pays et le Japon.

*
* *

Le bâton autrichien ou autre devait d'autant moins tenter les hommes très réfléchis qui gouvernent à

Tokyo qu'il y a tout lieu de ne leur prêter aucune espèce de désir d'essayer de battre la Russie. Je sais que, en émettant cette opinion, je vais à l'encontre d'idées enracinées et même d'inquiétudes visibles chez nombre de Russes. Mais ces idées, comme ces inquiétudes, qui eussent été si admirablement utiles dans l'entourage des Alexeief et autres meneurs de la politique russe en 1903, me paraissent retarder de la manière la plus évidente sur les faits. Ce n'est pas, comme je l'ai dit, gratuitement et pour le plaisir que les Japonais ont attaqué les Russes en 1904, mais bien parce que l'empire moscovite occupait, sans vouloir se laisser assigner de bornes, une situation menaçante à Port-Arthur et encore bien plus en Corée. On se demande vraiment pourquoi les Japonais iraient poursuivre encore les Russes maintenant que ces derniers sont relégués dans la Mandchourie du Nord, dans des régions qui ne sont pas les plus tentantes de l'Extrême-Orient, et où un agresseur se heurterait chez eux à une formidable résistance. Le Japon se rappelle trop à quel point, en 1905, il avait besoin de la paix de Portsmouth, pour recommencer inutilement des hostilités qui, cette fois, n'auraient plus, bien au contraire, l'appui moral et financier des pays de langue anglaise, et qui, pas plus que la première ne pourraient aboutir à forcer la Russie, dont les centres vitaux sont placés trop loin, à payer une indemnité. On dit bien, et c'est vrai, que la région de Vladivostok et le sud de la province littorale, pays très riches et pas trop froids, à peine saupoudrés encore de villages russes seraient, pour le

Japon, une belle colonie de peuplement. Mais combien faudrait-il dépenser pour s'en emparer? Les Russes à Vladivostok se sont renforcés de manière à n'avoir pas du tout l'apparence de gens que l'on bouterait dehors sans résistance. Une nouvelle guerre serait ruineuse et fort compromettante pour les relations internationales dont le Japon a besoin.

En y regardant d'un peu près, on s'aperçoit qu'il y a beaucoup plus de raisons d'entente que de nouveau conflit entre la Russie et le Japon. Certains Américains que j'ai rencontrés l'an dernier en Mandchourie étaient tellement de cet avis qu'ils ne pensaient pas qu'il fût sage de trop faire d'opposition aux Russes à Kharbine, et de trop faire sentir par là aux Russes et aux Japonais l'identité, presque la solidarité en face de la Chine et des amis de l'intégrité chinoise, des positions que les uns ont conservées au nord et les autres prises au sud de la Mandchourie.

Qu'allait chercher il y a quelques semaines le prince Ito, dans son fatal voyage à Kharbine et les conversations qu'il devait y avoir avec le ministre russe, M. Kokovtsof, venu tout exprès de Saint-Pétersbourg, sinon les éléments d'une telle entente? Cette dernière est certainement possible et tendrait à maintenir les situations des Russes et des Japonais en Mandchourie contre les revendications de la souveraineté chinoise. Il est évident qu'elle apporterait une altération aux conditions internationales actuelles de l'Extrême-Orient. Serait-elle nuisible aux intérêts nationaux français concentrés en

Indo-Chine ? On est plutôt porté à croire le contraire, car une telle politique tendrait selon toute vraisemblance à maintenir l'attention vers le nord, c'est-à-dire à faire rester l'Indo-Chine, comme elle l'est déjà, on ne saurait trop le répéter, en dehors de l'aire des grosses difficultés extrême-orientales. Une entente russo-japonaise ne pourrait guère nous gêner que par ailleurs, en rendant peut-être un jour un peu plus difficile cette bonne harmonie anglo-russe, que le souci de l'équilibre européen rend désirable pour nous. Mais pour avoir ce résultat, il faudrait que l'entente russo-japonaise dépassât de beaucoup ce qui peut être son terrain immédiat, s'étendît au delà de la Mandchourie pour menacer la Chine propre, et je ne veux pas me lancer dans les prophéties et aventurer à ce point des hypothèses. De si vastes prévisions paraissent d'autant moins justifiées pour l'instant que l'humeur de la Russie ne la porte guère maintenant aux grands projets extrême-orientaux. Tout fait croire qu'elle est seulement dans cette région de l'Asie sur la défensive, qu'elle aussi se borne à désirer le *statu quo*, le maintien de ce qui lui est resté, après ses dernières mésaventures, de sa situation en Mandchourie, sur la ligne directe qui relie Vladivostok à l'empire. Ce souci de conservation ne l'oppose pas, bien au contraire, à l'équilibre extrême-oriental tel que je viens de vous le définir et qui, avec l'intervention de plus en plus décidée de la politique américaine, l'accession presque inévitable de l'Angleterre à cette politique et l'obligation, très facilitée dans les procédés et les formes, pour le

Japon d'en tenir compte, paraît si clairement et si fortement tendre au *statu quo* et à la paix.

* * *

Cela ne veut pas dire, Messieurs, que le *statu quo* ni la paix de l'Extrême-Orient soient absolument garantis. La situation internationale de cette partie du monde est bonne, meilleure sans doute que celle de l'Occident, mais il s'y pose un problème immense qui peut rendre inefficaces les éléments de l'équilibre actuel qui tendent à la tranquillité et au respect des situations acquises. Comme je l'ai dit en débutant, tout en Extrême-Orient est dominé par la question de la réforme chinoise. L'équilibre international dans cette région est tel que la Chine peut espérer y mener en paix l'œuvre de sa réorganisation, mais à la condition qu'elle la réalise dans un calme relatif et sans convulsions violentes. Si elle tombait dans l'anarchie, des interventions deviendraient inévitables et elles seraient dominées par celle du Japon qui a la masse de ses forces tout près de la zone des troubles éventuels. Cette perspective explique peut-être pour une bonne part l'énorme accroissement de la puissance militaire du Japon depuis la dernière guerre. A certains moments, d'après les rumeurs qui circulaient, peut-être pas d'une manière toute spontanée, on a pu se demander si la politique japonaise ne cherchait pas à se préparer le terrain en vue de se faire reconnaître un mandat international le jour où une nouvelle explosion se produirait en Chine.

On devine de quel poids serait une initiative japonaise, trouvant un prétexte bien plausible et usant de forces impressionnantes, surtout si l'occasion — la Chine n'est pas un terrain impossible pour des troubles éclatant à propos — se produisait à l'heure où il y aurait un conflit ou même simplement une forte tension en Europe. Il est à remarquer que nulle part on n'est plus sceptique qu'au Japon sur les chances d'une réforme paisible de la Chine. Le prince Ito en parlait avec beaucoup de doutes peu de temps avant sa mort. Peut-être est-ce parce qu'on y a nécessairement plus qu'en Europe le sentiment de ce qui est possible en Extrême-Orient. Peut-être est-ce simplement parce que partout on croit volontiers ce que l'on désire. Mais le fait est certain que la Chine ne pourrait tomber dans l'anarchie en cherchant confusément sa réforme sans risquer de rendre inutile l'équilibre qui la garantit actuellement, de rendre singulièrement difficile l'exercice du bon vouloir des États-Unis, et de s'exposer aux entreprises d'une puissance portée, sans aucun doute, à poursuivre un but plus lointain et plus vaste que celui de protéger la vie et les intérêts de ses nationaux menacés par une convulsion chinoise.

On me demandera peut-être : « Que pensez-vous alors des chances d'une réforme chinoise ordonnée, graduelle, ne faisant pas naître le danger dont vous parlez ? » Sur ce sujet-là, moins que sur tout autre, je ne voudrais m'exposer à faire le prophète, car la matière est énorme et singulièrement confuse. La Chine est si grande, elle contient tant d'éléments et de possibilités à envisager qu'aucun esprit ne saurait prétendre embrasser l'ensemble de ce problème. On ne peut voir, pour ainsi dire, qu'un coin et, à moins d'une présomption extravagante, on ne doit pas conclure de ce coin à tout le reste. L'Européen surtout doit être prudent, car il est très malaisé à un homme de race étrangère d'apprécier sérieusement un état mental dont la solution de ce grand problème dépend en si grande partie.

Revenant d'Extrême-Orient avec l'inquiétude d'esprit qu'inspirent les choses étrangères longuement considérées et qui laissent des impressions contradictoires, je me bornerai à vous dire que les Occidentaux qui résident depuis le plus long temps en Chine, qui sont le mieux préparés à comprendre les mouvements qui agitent cette masse, restent presque tous remplis de doute et de craintes en face de la réforme chinoise. Peut-être cèdent-ils à cette confortable paresse mentale qui a tant de mal, en présence d'éléments nouveaux, à reviser le jugement porté lorsque que l'on s'est donné pour la première fois la peine d'étudier une question ou un pays. Mais, néanmoins, la quasi-unanimité de ces vieux résidents étrangers est impressionnante et ils présentent, à l'appui de leur opinion, des observations qui méritent quelque attention.

Le décret-programme que l'on a fait signer en août 1908 à l'empereur Kouang Hsiu prévoit que dans dix ans la Chine, qui n'a encore ni administration, ni justice, ni voies de communication, ni circulation monétaire, ni budget tels que l'esprit moderne les conçoit, sera mise sur le même pied que les nations européennes et jouira même d'un Parlement. C'est ce qui s'appelle brûler les étapes ! On peut bien dire que ce processus est copié sur celui qui fut adopté et suivi avec succès par le Japon de 1880 à 1890. Mais les circonstances ne sont pas les mêmes dans les deux pays. Quand le mikado a acheminé ses sujets vers la Constitution, le Japon avait déjà opéré une profonde réforme administrative. Cette dernière avait été rendue possible par l'existence au Japon, avant que l'ère nouvelle ne s'élaborât, d'un million de samouraï ayant reçu depuis des générations une éducation réglée de manière à leur inspirer pour leur suzerain et leur pays un dévouement aussi discipliné que passionné. On chercherait en vain en Chine l'équivalent de cette classe de dirigeants, et les vertus que ses membres possédaient presque tous sont chose beaucoup plus rare et individuelle dans le Céleste-Empire. L'analogue de ce ferment de la réforme japonaise ne se trouve pas en Chine.

On objectera peut-être que le Chinois, intelligent, a manifesté à un rare degré l'esprit d'association et qu'il l'a souvent fait dernièrement dans un but patriotique, par exemple lorsqu'il a organisé avec autant de rapidité que d'efficacité dans la région de Canton le *boycott* des marchandises japonaises à la suite de l'incident du *Tatsu-Maru*. Il n'est pas douteux que les Chinois savent se grouper, qu'ils sont dirigés, on peut dire dominés par l'esprit de clan. Récemment un homme qui a sérieusement voyagé en Extrême-Orient et qui ne cesse de suivre les affaires de Chine disait devant moi, pour résumer cet esprit si manifestement communautaire, que les Chinois poussent non par tiges, comme les Occidentaux, mais bien par touffes. Mais il faut y prendre garde : la faculté chez les particuliers de se grouper et de se coaliser ne semble pas tendre de toute nécessité au bien public. Le syndicalisme ne travaille pas toujours à l'intérêt supérieur de la nation. L'esprit d'association peut poursuivre aussi bien un but limité à l'intérêt individuel des associés qu'un objet qui leur soit imposé par un idéal extérieur et supérieur à eux-mêmes. Tel est le cas des clientèles électorales, même les plus disciplinées et les plus solides, que nous connaissons. Les guildes et sociétés chinoises ont souvent un objet et un tempérament qui rappellent fort ces clientèles. Est-ce un esprit d'association utile à la patrie que celui qui condamne l'administration à nourrir en nombre immense des incapables et des inutiles parce qu'ils appartiennent à une gens ou à un clan provincial, qui rend difficile, par exemple, l'exploitation des chemins de fer que vient de prendre en mains le gouvernement chinois, en empêchant les techniciens qui dirigent les ateliers d'avoir raison de tel ou tel employé soutenu par sa guilde provinciale, même lorsqu'ils ont cent fois raison pour qui s'inspire du bien du service ? Cet esprit d'association, qui n'est en somme que l'insurrection grégaire des appétits individuels contre l'intérêt public, la Chine le connaissait sans doute avant qu'il fleurît si fort chez nous parce qu'il est, pour ainsi dire, dans ses moelles. Mais on ne saurait en faire un capital utilisable pour la réforme chinoise ni le succédané chinois de cette solidarité des anciens samouraï qui plaçaient leur objet hors d'eux-mêmes et dont le dévouement collectif servait une cause dont ils étaient disposés à n'attendre que l'obligation de sacrifices, y compris celui de la vie.

Un fait qui frappe et inquiète l'étranger voyageant en Chine, est l'extrême désordre moral et mental qui semble caractériser certains jeunes réformistes rencontrés çà et là. Ces personnages font qu'on se demande si, en contraste du réformisme japonais qui ne s'instruisait et n'agissait que pour servir un loyalisme et des principes toujours respectés et au services desquels on s'efforçait seulement de mettre une organisation plus moderne, il ne va pas se développer une sorte de nihilisme chinois. Si la civilisation occidentale a élaboré l'idée d'un patriotisme plus moderne, il émane aussi d'elle, aujourd'hui, une tendance à l'individualisme anarchique. Il n'est pas du tout certain que chez les réformistes chinois le premier de ces apports intellectuels et moraux de l'Occident doive l'emporter sur le second. Les partisans de la table rase ne sont pas rares en Chine. Quel effet leurs idées produiront-elles dans ce pays de vieille morale communautaire, où les hommes poussent par touffes? La gerbe chinoise, pour continuer l'image, ne risque-t-elle pas de se dénouer et de se perdre? C'est là un des problèmes les plus curieux qui puissent se poser devant les hommes d'aujourd'hui, et un des plus troublants aussi, si l'on songe qu'il affecte tant de grands intérêts.

Mais je ne puis qu'indiquer, en passant, quelques-unes des questions qu'implique la grande question de la réforme chinoise. Assurément les débuts de cette réforme n'ont pas été sans produire quelques résultats utiles. Il n'est pas tout à fait vain, par exemple, qu'une jeune presse, d'une malveillance très éveillée, dénonce à tout propos et souvent même hors de propos les mandarins. Les concussions en deviennent, assure-t-on, dès à présent, un peu plus malaisées. Il n'est pas non plus sans intérêt que les Chinois se soient aperçus que, comme le disait récemment M. Paul Pelliot, il ne suffit pas de savoir écrire d'élégants commentaires de poésies antiques pour pouvoir devenir ensuite indifféremment, général, grand juge ou receveur de gabelles. Malheureusement, d'après le témoignage unanime des Européens qui vivent dans le Céleste-Empire, les méthodes suivies pour inculquer aux jeunes générations les notions que l'on résume un peu naïvement là-bas sous le nom de « science occidentale », sont extrêmement défectueuses. Il n'y a aucune suite, aucune discipline dans l'organisation scolaire que les Chinois se sont récemment efforcés, sincèrement d'ailleurs, d'élaborer. C'est comme un faux départ dans la voie nouvelle. En Chine, on en est encore à apprendre la méthode d'apprendre.

En somme, l'avenir de la réforme chinoise reste absolument incertain, quoi qu'en pense l'optimisme des nombreuses personnes que l'on rencontre en Europe et qui posent, en semblant dicter la réponse, cette question : « Eh bien! La Chine s'organise? »

On peut seulement dire qu'elle essaye de le faire ou même qu'elle veut essayer. Si la situation internationale actuelle de l'Extrême-Orient assure à la Chine de pouvoir opérer sa mue en paix, on ne saurait nous donner aucune certitude que la Chine le fera, car cela dépend beaucoup plus d'elle-même, de la discipline qu'elle saura s'imposer que de la bonne volonté, de plus en plus évidente, des puissances occidentales ayant à leur tête les États-Unis.

*
* *

La bonne volonté de ces puissances s'explique aisément par la manière dont elles sont peu à peu arrivées à considérer leurs intérêts en Extrême-Orient. Et aucune d'elles, sans doute, n'a pu faire des réflexions qui doivent la rendre plus favorable que la France au succès de la réforme chinoise. Notre pays n'a jamais été qu'à la traîne, pour ainsi dire, dans la politique des sphères d'influence. Nous n'avons songé à en marquer une en Chine que dans les régions touchant à l'Indo-Chine et pour éloigner non pas l'autorité chinoise, mais bien les ambitions de tierces puissances qui étaient de nature, si elles recevaient satisfaction, à aboutir à un véritable investissement de notre colonie asiatique. Nous avons d'autant plus facilement renoncé à la politique des sphères d'influence que nous ne l'avions adoptée que passivement, avec moins de décision encore que les autres puissances, en redoutant même d'avoir à la pousser jusqu'aux réalisations. Elle ne saurait donc laisser derrière elle, dans nos relations avec la Chine, maintenant qu'elle est abandonnée, aucune pratique qui n'aurait eu sa raison d'être que comme une indication, une origine de titre, au cas où la politique des sphères aurait été définitivement adoptée.

Quels sont donc les intérêts qui ont à redouter de voir la Chine devenir une entité un peu plus solide? Sa réforme menace-t-elle les œuvres d'influence que les nations étrangères, poussées par leur concurrence réciproque, mais sans voir bien clairement l'objet auquel elles tendent, continuent à mener dans telle ou telle partie du Céleste-Empire? Mais que valent donc ces œuvres? Je dois avouer que, pour ma part, je ne vois pas très bien les grands résultats durables que les peuples d'Occident tireront d'avoir indéfiniment en Chine des bureaux de poste, des écoles particulières, et même des hôpitaux. Toute cette « influence », dont on parle toujours, me paraît être beaucoup une illusion, la fumée d'un encens un peu vain que font flotter devant leur nation des agents, d'ordinaire de très bonne, foi mais que le *morbus consularis* porte à confondre telle entreprise qui augmente l'importance apparente de leur poste avec l'augmentation des intérêts réels et durables de leur pays. Peut-être même y a-t-il quelque chose d'un peu dérisoire dans toute cette concurrence scolaire et philanthropique qui tend à hâter le moment où les Chinois, qui n'en garderont sans doute que bien peu de reconnaissance, pourront se passer des Occidentaux sans distinction.

Pour nous autres Français, il y a même quelque chose de d'autant plus vain dans ces efforts que nous aurions une peine extrême à répandre notre langue en présence de l'anglais qu'impose partout l'utilitarisme commercial. Cela n'empêche pas des œuvres scolaires comme celles des jésuites de Zi-ka-wei, qui obligent leurs étudiants à apprendre les sciences occidentales, et même l'anglais, par l'intermédiaire de la langue française, d'être infiniment intéressantes et respectables. Les efforts de ces Français doivent être le plus possible encouragés. Mais il ne semble pas qu'il y ait grand intérêt à les imiter dans un grand nombre de villes chinoises aux frais du budget. La véritable manière d'assurer des clients à notre langue c'est de multiplier les affaires dans lesquelles il serait utile de savoir le français. Si les écoles françaises de Pékin et de Han-keou ont trouvé tant d'élèves dans les bonnes familles, c'est que la langue étrangère en usage sur le Pékin-Han-keou leur assurait des débouchés. C'est dans les affaires que nous devons chercher en Chine non seulement notre intérêt matériel mais même, maintenant, le genre d'influence que nous pouvons espérer encore dans ce pays.

Il convient de développer, en ce qui concerne ce pays, notre sens des affaires, et de le développer dans un esprit national, c'est-à-dire ne pas accepter que nos capitaux y soient à l'état amorphe, sans aucune influence sur la direction des grandes entreprises. Il faut résister à cette tendance de nos associés européens qui veulent bien se servir de notre argent, mais en ne nous laissant qu'une part inférieure dans la direction et qui, par exemple, dans la question pendante de l'emprunt pour les chemins de fer de Han-keou à Canton et de Han-keou au Seu-tchouan, s'obstinent à nous inviter à nous asseoir sur une simple chaise alors qu'ils se carrent dans des fauteuils.

Et si l'on songe aux chances d'affaires que réserve la Chine, on s'aperçoit que ces chances seront sans doute accrues par un succès, même un commencement de succès, de la réforme chinoise. Aujourd'hui le Chinois, inquiet de son avenir, conscient du manque d'organisation de sa patrie, se bute à l'idée de ne pas recourir aux capitaux et aux techniciens de l'étranger, même lorsqu'il aurait le plus grand intérêt à le faire pour mettre en valeur les richesses latentes de son pays. Il en résulte que, pour les grandes affaires, la Chine actuelle est un peu la terre de la désillusion. Mais la défiance à la Gribouille avec laquelle les Chinois repoussent actuellement toute collaboration étrangère irait sans doute s'atténuant si l'organisation de ce pays paraissait se faire d'une manière normale. On peut donc dire qu'une réforme chinoise s'opérant tranquillement et avec quelque efficacité répond à l'intérêt des étrangers en Chine, envisagé dans un esprit positif.

*
* *

Je le crois fermement, si la France songe à une influence politique, à une valeur substantielle, elle ne saurait regarder en Extrême-Orient en dehors de l'Indo-Chine. C'est là, seulement, dans l'est de l'Asie, qu'elle occupe une situation ayant une importance nationale. C'est là qu'elle a quelque chose à préserver qui dépasse de beaucoup les intérêts commerciaux et financiers qu'elle peut se créer dans le Céleste-Empire. C'est à travers l'Indo-Chine que nous devons considérer toute la situation extrême-orientale et juger la valeur des événements qui se produisent dans cette partie du monde. J'ai dit tout à l'heure que la situation actuelle du Japon nous dispensait de toute inquiétude japonaise pour notre colonie, et je voudrais convaincre mes compatriotes qu'ils ont tort d'éprouver d'instinct, comme ils le font si souvent, de la malveillance envers la réforme chinoise à l'idée qu'elle nous expose à des difficultés graves en Indo-Chine. Les Chinois auront pendant bien longtemps trop à faire chez eux, pour mettre en ordre leur propre maison, pour pouvoir se préoccuper d'intervenir chez leurs voisins. Il est tout à fait invraisemblable que le mouvement de la réforme chinoise ait des conséquences directes et violentes dans notre colonie, mais cela ne veut pas dire que ce mouvement et le changement général de l'état d'esprit de l'Extrême-Orient ne doivent pas avoir en Indo-Chine une répercussion qui nous oblige à « reconsidérer », comme disent les Anglais, toute notre situation par rapport à cette colonie.

Aujourd'hui, quelles que soient les précautions que l'on s'imagine prendre, les idées occidentales sont véhiculées à travers tout l'Extrême-Orient sous forme de traductions chinoises, et je puis dire, par ma propre expérience, que si l'on montre patte blanche dans les boutiques de librairie de Hanoï, si l'on arrive à convaincre le marchand que l'on ne vient pas chez lui pour préparer une perquisition, on découvre vite qu'il y a dans son arrière-boutique bon nombre d'ouvrages chinois, le plus souvent traduits du français, de l'anglais et de l'allemand, que notre administration, dans sa tournure d'esprit actuelle, saisirait volontiers comme séditieux.

Mais, à mon sens et à celui de tous les hommes qui regardent d'un peu haut la situation de l'Indo-Chine et qui ne considèrent pas la colonie comme une sorte d'île pouvant vivre en dehors de tout ce qui agite le monde voisin, ce n'est pas par la censure et les consignations d'imprimés dans les ports de débarquement que l'on pourra neutraliser l'effet indirect, mais indéniable et profond, que produit dans notre colonie le mouvement de réforme des pays de civilisation chinoise.

Je ne saurais aborder longement ce soir un tel sujet. Les difficultés et les chances de notre position de puissance indo-chinoise en présence de l'Extrême-Orient qui se fait voudraient, pour être un peu largement exposées, toute une autre Conférence. Qu'il me suffise de résumer rapidement devant vous, en terminant celle-ci, ce qui, d'après moi, devrait être la conclusion de l'autre. Le mouvement qui entraîne, et devait nécessairement entraîner l'Extrême-Orient, avec le progrès des moyens de communication qui ont rapetissé le monde, peut fort bien ne pas compromettre notre situation de puissance indo-chinoise si nous savons bien faire comprendre aux Indo-Chinois leur situation dans l'Asie orientale. La nation annamite est une masse bien petite à côté de l'Empire chinois. Cette nation n'est même pas maîtresse de ses destinées — et ici je ne parle pas de notre domination — puisque tout le mouvement économique du pays qu'elle occupe est entre les mains d'immigrés chinois. Avec la modernisation de la Chine, cette emprise économique pourrait se transformer en une domination autrement directe, intime, et dangereuse pour la vie nationale que celle qui a été imposée à la terre d'Annam par de lointains Occidentaux. Il est, je le sais, des Annamites qui le comprennent et qui, du spectacle de leur peuple et de ses relations avec ses voisins, ont tirés la conclusion qu'il existe une véritable solidarité franco-annamite. Ces hommes-là, qui pourraient devenir peu à peu le noyau d'un véritable parti français, conçoivent le développement de leur nation à l'abri de la couverture que nous lui donnons dans le monde. Ils comprennent qu'un accident extérieur ou intérieur qui ferait disparaître la France de l'Indo-Chine exposerait leur pays au risque de subir des maîtres et des exploitants autrement âpres que nous, et pouvant, en Indo-Chine, prendre une position autrement redoutable pour les indigènes que celle que nous y occupons.

Que faudrait-il pour répandre ce sentiment? D'abord, pour la colonie, un régime inspiré avant tout par le souci d'une bonne politique indigène, une fiscalité répondant à la préoccupation de ne pas violenter les formes, les traditions et même les convenances élémentaires de la société annamite. Une administration étrangère dominée par ce souci commencerait par ne pas se rendre insupportable à la masse indigène. C'est là une œuvre négative peut-être, mais dont nous ne nous sommes pas toujours assez souciés. L'œuvre positive devrait résulter d'une part d'une certaine politique économique, de l'autre d'un effort méthodique d'éducation. Les Annamites, pour devenir les maîtres de la vie commerciale de leur pays, ont besoin d'être complètement formés à la création d'entreprises, à la réunion et à la gestion des capitaux. A cela nous pouvons les aider de notre argent et de notre direction. Quant à l'éducation nécessaire pour leur faire comprendre la situation de leur pays, elle paraît, à qui réfléchit un peu sur l'évolution actuelle de l'Extrême-Orient, comme devant beaucoup moins affaiblir que fortifier les liens attachant l'Annam à la France.

Il est vrai que la diffusion de l'instruction comporte une certaine politique acceptée dès le début et sur laquelle on ne saurait plus, ensuite, revenir. L'éducation des indigènes ne se conçoit pas sans la volonté de leur donner, graduellement sans doute et par étapes, mais sans rechigner et au fur et à mesure de ce que leurs capacités s'affirmeraient, la part qu'ils se montreraient capables de prendre à la direction de leur pays. Cette politique comporte donc un effacement graduel du conquérant éducateur devant son élève. Je sais que cette perspective paraît très désobligeante pour quelques-uns. Devant ceux-là je n'invoquerai pas l'intérêt séduisant d'une pareille œuvre, je leur demanderai simplement ce qu'ils voient d'engageant pour notre pays dans les perspectives contraires. L'Extrême-Orient qui s'élabore est-il un milieu dans lequel nous pouvons espérer nous maintenir indéfiniment en présence des nations qui s'organisent, ou finiront par s'organiser suffisamment, et sans trouver chez nos protégés autre chose que l'indifférence ou même de la malveillance ? Notre œuvre pourra-t-elle vivre et se développer dans ce milieu qui devient plus exigeant, et pour ainsi dire plus dense, sans y être servie par tout un ensemble de forces nationales que nous ne pouvons, sans hypothéquer gravement notre situation en Europe, nous exposer à devoir employer en Extrême-Orient, et que nous devons donc demander au peuple protégé, organisé et éduqué par nos soins de manière à être mis à même de maintenir ses positions en présence des forces grandissantes qui doivent le menacer et le presser ? Croit-on que cette politique de formation économique et d'éducation générale, amenant les protecteurs à réduire peu à peu leur part dans l'administration du pays, en commençant par le détail mais en créant entre eux et leurs protégés des liens de plus en plus nombreux de culture et d'affaires, n'assurerait pas à notre œuvre en Indo-Chine un plus long avenir qu'une domination sans programme large, sans partisans sérieux dans le pays et, par conséquent, exposée à tous les accidents ? Et il ne s'agit pas là d'une politique d'abdication; il ne s'agit pas le moins du monde de reculer devant les éléments désordonnés et révoltés que l'intérêt même de cette œuvre pour les indigènes nous obligerait, au contraire, à réprimer toujours vigoureusement. Ce n'est pas devant ces éléments insurrectionnels, mais devant des hommes volontairement formés par nous que nous élargirions peu à peu la part des indigènes dans l'administration de leur pays. En somme, que s'agit-il de faire sinon de donner réellement à notre politique indo-chinoise, en s'inspirant des nécessités nouvelles qui surgissent en Extrême-Orient, le programme généreux dont elle se réclamait à ses débuts? Je ne puis pas m'attarder sur ce sujet, mais il faut bien se convaincre que c'est par l'application de ce programme que nous assurerons à la fois la durée de notre œuvre en Extrême-Orient et les destinées en tant que nations individuelles et originales des peuples que nous avons pris en charge. C'est à la réalisation de cette politique que je voudrais voir mon pays occuper les années de tranquillité et de sécurité que semble bien lui promettre en Indo-Chine la situation internationale présente de l'Extrême-Orient dont l'exposition a fait l'objet principal de cette conférence. (*Applaudissements prolongés.*)

CONCLUSION

LA POLITIQUE FRANÇAISE EN ASIE

PAR M. ÉTIENNE

DÉPUTÉ

VICE-PRÉSIDENT ET ANCIEN PRÉSIDENT

DU COMITÉ DE L'ASIE FRANÇAISE

MESSIEURS [1],

Il y a deux ans, votre Société vous présentait — et vous savez avec quel succès et par quel heureux choix de conférenciers — une série de questions internationales. Le succès des nouvelles conférences — qui seront closes ce soir — n'a pas été moins vif, parce que n'a pas été moins heureux le choix de vos porte-parole.

Après l'Europe et ses inquiétudes, il fallait bien étudier l'Asie et ses aléas ; après les problèmes actuels de l'Europe, les problèmes présents et non moins pressants de l'Asie ; après l'équilibre instable des puissances en Europe, l'équilibre plus lointain et peut-être aussi instable des forces en présence en Asie.

Tel était le programme qui avait été conçu : vous n'avez qu'à rappeler vos souvenirs de cet hiver et qu'à constater vos applaudissements de ce soir pour vous rendre compte combien ce programme a été largement, magnifiquement rempli, grâce à l'admirable équipe que votre Société avait appelée à y travailler.

Ce qui a dû vous frapper aussi, Messieurs, et ce que je voudrais pour conclure — puisque j'ai reçu cette délicate mission — tenter de vous exposer à mon tour, aussi brièvement que possible, c'est que les questions qui se sont déroulées devant vous,

1. Discours prononcé par M. Etienne le 11 décembre 1909.

avec les incertitudes qu'elles soulèvent et avec les intérêts qui s'y rattachent, sont autant de legs particuliers dont le XIXe siècle a chargé le XXe du soin de poursuivre et d'assurer la délivrance.

Maintien de l'Asie ottomane, consolidation de l'Asie russe, destinée de l'Asie britannique, avenir de la Chine, mission de l'impérialisme japonais, sont autant de points d'interrogation qui datent du XIXe siècle, qui ne se sont posés, qui ne pouvaient se poser que dans le cours tumultueux de ce grand siècle de puissante activité intérieure et de féconde expansion au dehors.

Avant lui, il n'y avait, pour ainsi dire, pas eu de véritable problème européen en Asie. Sans doute les rivalités politiques et les compétitions commerciales des nations d'Europe avaient parfois franchi les mers pour se retrouver en présence et se répercuter en Asie. Mais ni le but généralement envisagé, ni l'œuvre poursuivie — sauf peut-être dans le cerveau de notre grand Dupleix — n'avaient le caractère de fixité, de permanence, d'*objectivité*, pourrait-on dire, qui assure la vie aux entreprises des hommes.

Sans doute le XVIIIe siècle, qui n'a rien ignoré de tout ce qui pouvait remuer, troubler, attirer nos âmes et nos appétits contemporains, eut comme la lointaine vision de la place que prendrait, dans les ambitions et les soucis de l'Europe, l'appropriation et le partage des riches et populeuses terres d'Asie.

Sans doute le plus clair génie de notre race devait projeter les feux étincelants de son esprit sur l'avenir réservé aux nations asiatiques avec plus de clairvoyance que sur celui des arpents de neige du Canada. Et nous devons à sa plume exquise cet humouristique et piquant rescrit de l'empereur de Chine que vous connaissez bien et que je ne résiste pas au plaisir de relire avec vous, tant il est à sa place aujourd'hui :

« Nous avons, écrivait le Fils du Ciel avec le style « et l'esprit de Voltaire, nous avons lu attentivement « la brochure de notre amé Jean-Jacques, citoyen « de Genève, lequel Jean-Jacques a extrait un projet « de paix perpétuelle du bonze Saint-Pierre.

« Nous avons été sensiblement affligé de voir « que dans ledit extrait, rédigé par notre amé Jean- « Jacques, où l'on expose les moyens faciles de « donner à l'Europe une paix perpétuelle, on avait « oublié le reste de l'Univers qu'il faut toujours « avoir en vue dans toutes ces brochures.

« Nous avons connu que les monarchies de France, « d'Allemagne, d'Espagne, d'Angleterre, de Polo- « gne, de Suède sont toutes requises d'accéder au « traité de Jean-Jacques. Nous avons été édifiés de « voir que notre chère cousine, l'impératrice de Rus- « sie, était pareillement requise de fournir son con- « tingent. Mais grande a été notre surprise impérale « quand nous avons en vain cherché notre nom « dans la liste. Nous avons jugé qu'étant si proche « voisin de notre chère cousine, nous devions être « nommés avec elle : que le Grand Turc voisin de la « Hongrie et de Naples, que le roi de Perse, voisin « du Grand Turc, le Grand Mogol, voisin du roi de « Perse, ont pareillement mêmes droits et que ce « serait faire au Japon une injustice criante de l'ou- « blier dans la Confédération générale [1]. »

1. Voltaire : *Mélanges*, t. IV, p. 308.

Vous le voyez, Messieurs, en écrivant ce rescrit, où l'ironie voisine avec la clairvoyance, ne dirait-on pas que Voltaire avait eu connaissance de tout le programme des conférences de cette année ? — Le Grand Turc dont il parle, — mais c'est l'Asie ottomane de M. Victor Bérard. Le Grand Mogol, voisin du roi de Perse, c'est la lutte anglo-russe dont vous a entretenu M. le Dr Rouire. L'empereur de Chine, si proche voisin de sa chère cousine l'impératrice de toute Russie et le Japon qu'il y aurait injustice criante d'oublier, — ce sont les problèmes d'Extrême-Orient que vous ont posés MM. Jean Rodes, Michel Revon et Robert de Caix.

Mais il ne faut pas que tout l'esprit de Voltaire, avant tout aiguisé par le désir de polémiquer avec Jean-Jacques, nous fasse illusion et nous cache les réalités. La pénétration véritable, l'action effective, l'intervention multiple et troublante de l'Europe en Asie — elle a pu être entrevue, pressentie, voire inaugurée avant notre XIXe siècle, mais elle est en vérité, son bien, sa chose, on pourrait dire son œuvre propre et il est permis à bien des égards d'ajouter sa gloire, une de ses plus belles gloires.

Et pour vous en convaincre — si vous ne l'êtes déjà — il me suffira de vous montrer, en aussi peu de mots qu'il me sera possible à l'heure tardive où nous sommes — ce qu'était l'Asie au regard de l'Europe au commencement du XIXe siècle et ce qu'elle est aujourd'hui au commencement du XXe, un siècle plus tard. De cette comparaison entre ce passé d'il y a cent ans et le présent, se déduiront d'eux-mêmes les droits, les devoirs, les intérêts bien compris de l'Europe, et par-dessus tout de la France.

Qu'est-ce qui frappe d'abord dans l'Asie d'il y a cent ans? — C'est qu'il y a déjà une Asie russe. Au nord, c'est la tache d'huile ancienne, rapide, immense de la conquête sibérienne. Au sud, c'est la griffe déjà lourde de la toute récente conquête caucasique.

Au nord c'est le fruit hâtif de l'expansion nécessaire du noyau moscovite refoulé de l'ouest européen vers l'est asiatique, s'étendant de proche en proche jusqu'à l'Oural et par de là l'Oural dans ces pays sans limites, sans force et sans fin, toujours semblables à eux-mêmes qui s'offraient aux libres et ardentes initiatives des Strogonoff et des Yermak : conquête pour la conquête d'abord, conquête pour le commerce ensuite, conquête aussi pour les Tzars de Moscou, — conquête et histoire qui tiennent du prodige, sorte d'édition russe des conquêtes et de l'histoire des Cortès et des Pizarre.

Au commencement du XVIIe siècle, l'expansion en Sibérie était achevée. Deux cents ans au plus tard le XIXe siècle la trouvera pour ainsi dire au même point. C'était comme une prodigieuse excroissance continentale qui n'était pas encore une colonie et qui n'a été jusque-là et qui ne sera longtemps qu'un vaste bagne où les mines sont exploitées par la main-d'œuvre pénale.

Hors de là, rien — rien que le commerce avec la Chine, car l'Asie russe s'est déjà heurtée à l'Asie chinoise. Longtemps alternent négociations et opérations de guerre. Mais le heurt tourne à l'avantage de l'Asie chinoise et les traités de Nertchinsk (1689) et de

Kiachta (1728) réglaient encore au début du XIXe siècle les difficiles rapports de la Russie avec la Chine.

L'Asie russe du sud-ouest est plus fortement assise sur les bords méridionaux de la Caspienne et aux pieds mêmes de la chaîne caucasique à laquelle elle s'adosse. Médiocre par l'étendue, l'emprise vaut surtout par son importance propre. C'est le Volga qui a conduit les Russes sur la Caspienne. C'est la Caspienne, jusque-là dominée par la Perse, qui les conduira sur le versant asiatique du Caucase, ainsi pris à revers. Et l'action de la Russie sera double : écartant la Perse de la Caspienne et lui arrachant les vallées méridionales du Caucase. L'aurore du XIXe siècle assiste à cette double emprise d'Alexandre Ier, héritier des doctrines et de la politique de Catherine II et de Paul Ier. La Caspienne est dès lors comme un lac russe. Russes aussi Bakou et Tiflis. Seules les hautes vallées du Caucase sont en état de résister. Elles résisteront jusqu'au milieu du XIXe siècle.

Que voyons-nous dans l'Asie hindoustane d'il y a cent ans ? — Que reste-t-il de la lutte, un moment indécise, de deux compagnies, rivales d'abord de commerce, puis de domination effective et fructueuse, de deux grandes nations dignes de se mesurer sur ce nouveau théâtre de leurs vieilles compétitions ? Qu'est-il advenu du rêve génial d'un Dupleix, des concessions d'un Godeheu, de l'ardeur d'un Bussy, des victoires d'un Suffren, des malheurs d'un Lally-Tolendal, du zèle désordonné de tant de hardis et libres soldats de France restés au service des grands chefs hindous ?

La volonté qui s'abandonne, l'ignorance qui s'illusionne, l'indifférence qui se donne pour de l'habileté, l'intermittence et parfois l'héroïsme dans l'effort qui fait figure de vigueur dans la résolution, tout cela n'est plus et a fait place à la froide, à la dure, à la tenace fermeté britannique. Clive et Warren Hastings sont restés seuls en face de la multitude de races, de peuples, de nationalités, de religions qui fourmillent dans l'Inde d'Alexandre, de Tamerlan et d'Auren-Zeb. Appliquant parallèlement à d'autres moyens qui leur sont propres et qui leur resteront propres, le système politique et la méthode d'intervention inaugurés par notre Dupleix, ces deux hommes ont entrepris de réaliser ce rêve, dont la grandeur leur échappe comme la durée, d'une immense portion d'Asie conquise par une Compagnie qui ne cherchait que des dividendes.

Mais la lutte pour la domination de cet Empire est-elle donc terminée entre la France et l'Angleterre ? Serait-il vrai que la France ait dit son dernier mot, la France qui est en train de bouleverser l'Europe, la France dont les armées sont partout victorieuses, dont les frontières s'étendent chaque jour ? Mais les gloires nouvelles ont chassé les souvenirs des douloureux traités de Paris et de Versailles. La nation, qui vient de traverser les rudes secousses de la Révolution, est comme avide de repos et son ignorance des choses coloniales qui remonte à l'ancien régime, se traduira par une indifférence plus grande encore sous le nouveau. Bonaparte y songera-t-il pour elle, lui dont le génie, les ambitions, les volontés vont incarner quinze années durant le génie, les ambitions, les volontés de la France?

On le crut un instant. Mais l'illusion fut de courte durée. Quelques vagues indices au cours de l'expédition d'Égypte, les non moins vagues desseins du « grand projet » de Paul Ier et de Bonaparte, voilà tout ce qui reste de ce programme colonial qui visait beaucoup plus à atteindre les Anglais dans l'Inde qu'à nous mettre en mesure de nous y substituer à eux.

Et le XIXe siècle à ses débuts verra la continuation lente, difficile, compliquée et coûteuse de l'œuvre britannique : cinquante années avaient été nécessaires, de 1756 à 1805, de Clive à Wellesley, pour la conduire au point où le frère de Wellington la laissera à son tour. Mais ce qui reste à faire égale, dépasse même ce qui a été fait, et exigera près d'un demi-siècle encore. L'édifice montre déjà les vastes proportions qui l'attendent, mais ce ne sont encore que d'énormes fondations, de puissantes assises.

Hors la Russie en Sibérie et au Caucase et l'Angleterre dans l'Inde, l'Europe est encore absente.

Absente, la France, qui après les avoir recouvrés à la trêve d'Amiens, vient à nouveau de perdre ses Établissements de Pondichéry, de Mahé, de Karikal et de Chandernagor, modestes et pieux débris de sa grandeur tombée et de son rêve éteint. Absente de l'Inde, elle l'est plus encore de l'Indo-Chine où Pigneau de Behaine lui avait montré la voie qui ne sera suivie que près d'un siècle plus tard.

Absent aussi, hors à Macao, le Portugal qui avait ouvert aux autres peuples la route de Vasco de Gama; absente, la Hollande qui avait pris la place du Portugal et n'avait pas plus que lui réussi à faire œuvre durable sur la terre ferme, mais qui devait dans l'Insulinde prendre une si noble revanche par la tenace, savante et fructueuse méthode d'exploitation de ce sol merveilleux.

La Russie et l'Angleterre restent donc seules en présence. Éloignées l'une de l'autre, et impénétrables l'une à l'autre en Europe, ces deux puissances seraient-elles destinées à se rencontrer, à se heurter en Asie?

L'une y est vraiment et justement chez elle. L'Asie n'est pour elle, dans tous les sens du mot, que le prolongement de son domaine européen. Elle n'a fait qu'obéir aux lois de la gravitation des peuples en s'épandant, sans effort et sans arrêt, sur les steppes sibériennes, sœurs géographiques des steppes russiennes.

L'autre est chez elle aussi sur toutes les mers. C'est comme une loi de sa constitution insulaire, un legs de ses origines, une condition de son développement. Ses marchands sont partout et son pavillon les suit et les protège. Là où ils peuvent trafiquer, là où les navires peuvent aborder, là aussi est et sera souvent le prolongement virtuel de la terre britannique.

Qu'adviendra-t-il de ce vis-à-vis? Les deux Asies russe et britanique iront-elles l'une vers l'autre avec la pensée de se mesurer et de se heurter? Beaucoup le croiront, parce que beaucoup le diront et l'effet produit par ce dire en Angleterre même sera le plus souvent le seul qu'on ait en vue en Russie. Nombre d'apparences et quelques réalités aideront d'ailleurs à propager utilement la menace de cette rencontre toujours escomptée et toujours démentie. Mais comme l'a démontré le Dr Rouire, plus elle semblera imminente et plus vite l'entente se fera, à la surprise des observateurs superficiels, à la confusion de ceux qui auront cru expédient de creuser un fossé entre ces deux puissances dont le rapprochement et l'union importent à si haut degré à l'équilibre européen.

Partout, sur tous les autres points de son vaste continent, l'Asie est encore toute à elle-même, vivant dans l'ignorance des agitations et des appétits qui lui viendront un jour de l'Europe.

L'Asie ottomane, loin des yeux européens, continue le cours souvent troublé de cette existence si bien décrite par M. Victor Bérard, où le Turc campe isolé et vainqueur, au milieu des populations natives.

La Perse voisine, sait déjà ce qu'il en peut coûter d'être en contact avec la Caspienne et avec le Caucase. Mais pour elle le remède viendra peut-être un jour des dangers mêmes qui la menacent et sa sauvegarde naîtra d'une sorte d'équilibre dans les compétitions qui l'entourent.

Protégé par ses montagnes, bastion avancé surplombant sur les futures frontières scientifiques de l'Inde, en contact et déjà en guerre avec la Perse à l'ouest et le Penjab à l'est, l'Afghanistan tire déjà de cette situation le bénéfice d'un isolement qui est et lui sera propice. Et l'Angleterre, par la voix d'un de ses grands fonctionnaires anglo-indiens envoyé sur les lieux, tracera dès les premières années du XIXe siècle la règle de conduite dont elle ne déviera que rarement et qui par là tournera toujours à son avantage.

« Les futurs embarras de l'Angleterre, écrira

« Elphinstone pendant son séjour à Caboul en 1809, « consisteront moins dans la perspective d'une « attaque directe venue d'au delà de l'Afghanistan « par une armée qui tenterait de traverser ce pays, « que dans l'occupation graduelle de l'Afghanistan « par quelque puissance qui en ferait la base d'hos- « tilités éventuelles à un moment favorable. »

Maintenir l'Afghanistan hors de toute atteinte étrangère, s'abstenir soi-même d'y prendre effectivement la place déniée aux autres, telle était la pensée d'Elphinstone et telle sera dans ses grandes lignes la politique anglaise.

Et si de l'Asie antérieure, nous passons à l'Asie extrême-orientale d'il y a cent ans, que voyons-nous? Quel est le singulier spectacle que nous donnent ces terres lointaines du Fils du Ciel et du Soleil Levant?

Voici d'abord une immense et compacte région, véritable fourmilière humaine : c'est la Chine. Sur ses rivages abondent les ports naturels, les larges estuaires de fleuves accessibles à tous les bateaux. Il semble qu'il y a là la place nécessaire aux libres compétitions du commerce mondial. Et cependant la Chine s'enorgueillit de mentir à ces faveurs de la nature ; elle est fermée et entend rester fermée à la pénétration économique de l'Europe, la seule qui à ce moment la puisse atteindre. Sur l'immense pourtour de ses frontières terrestres et maritimes, c'est à peine si deux portes sont ouvertes : l'une au nord-ouest, à Kiachta, pour commercer avec les Russes, l'autre au sud-est, à Canton où l'Europe marchande est misérablement admise à apporter et à échanger ses produits.

Vainement la Russie et les autres puissances frappent, chacune pour son propre compte, à la porte qui leur est entr'ouverte ; vainement des missions européennes — les ambassades anglaises de Mac Artney et de lord Amherst, l'ambassade hollandaise d'Isaac Titsing, l'ambassade russe de Golowkine — se présentent avec toute l'humilité exigée par le protocole chinois. Ou elles sont éconduites sans vergogne ou elles restent sans lendemain.

Et si la Chine se refuse à faire un autre accueil au commerce européen — en est-il de même dans les ports du Japon? Plus encore que la Chine, il se renferme dans son orgueilleux et cruel isolement insulaire, imposant à la tenace complaisance d'une unique Compagnie hollandaise l'humiliation d'un point de débarquement qui est plus près d'être une prison qu'une factorerie.

Tel était, Messieurs, en regard de l'Europe l'état de l'Asie à l'aurore du XIXe siècle. Combien la tâche qui s'offrait à ses efforts était grande et belle, puisqu'il lui était réservé de jeter sur ce vaste continent l'emprise profonde et durable de son savoir, de son intelligence, de son industrie, de son commerce et de ses capitaux !

*
* *

Comment le XIXe siècle a compris, a rempli sa mission, — cette belle série de conférences vient de vous le rappeler et de vous le démontrer. Rien de plus saisissant, rien de plus suggestif, pourrait-on dire, que la large tranche de vie asiatique qui vous a été exposée et mise à nu devant vous. Et déjà, avant moi, et comme moi, vous avez conclu.

Ardemment, résolument, l'Europe et aux premiers rangs de l'Europe la France sont allées vers ces terres d'Asie où fut, dans les lointains passés, le berceau de nos peuples, de leurs langues, de nos civilisations.

Ce retour de l'Europe vers les lieux témoins de ses origines, tous l'ont tenté : cette éternelle attraction des pays du soleil, tous l'ont ressentie, et chacun a redit, dans son langage, avec nos poètes :

Amis, voyez là-bas ! – La terre est grande et plane
L'Orient délaissé s'y déroule au soleil !

. . . .

Là-bas, une lueur immense nous convie ;
Nous nous arrêterons lorsque nous serons là !

Et l'Europe s'est ébranlée, emportant avec elle ses produits et ses besoins, ses capitaux et ses instruments de travail, ses moyens de production et de transports, et par une inéluctable nécessité, aussi ses engins de guerre, propres à l'attaque comme à la défense.

Rien n'échappe à son emprise et tout concourt à lui ouvrir la voie, le missionnaire de la science comme le missionnaire de la foi, le marchand comme l'ingénieur, le marin comme le soldat ; la distance, l'éloignement ne sont plus un obstacle comme aux siècles passés. Et l'Europe moderne triomphe des difficultés et des lenteurs de la navigation et supplée à l'absence des voies de communication terrestres.

Les isthmes sont coupés, l'immensité des océans et des continents rapidement franchie. Les résistances des hommes sont abattues comme celles de la nature et l'Europe triomphante entre, pénètre de toutes parts : l'Asie lui appartient! Mais aussi que d'efforts et toujours que de sang!

Ce qui frappe tout d'abord dans cette entreprise c'est que l'œuvre réalisée a suscité autour d'elle plus d'entraînantes émulations que d'aiguës compétitions européennes, plus d'ardeur à vouloir à son tour et pour son compte qu'à s'opposer par la force à la volonté d'autrui. Tandis que le XVIIIe siècle avait vu l'Asie comme l'Amérique servir de champ clos aux hostilités européennes, le XIXe siècle a fait effort pour se hausser jusqu'à la vague conception d'une sorte de participation collective aux bénéfices de la pénétration asiatique.

Mais si l'Europe ne s'est pas au demeurant divisée contre elle-même, si le sol de l'Asie n'a pas connu les luttes fratricides des périodes antérieures, c'est que les nations européennes avaient une autre besogne à abattre, une autre tâche à remplir. La résistance à l'effort ne viendra pas du concurrent d'Europe ; mais en vérité combien plus âpre et plus rude, sera celle de l'Asie elle-même, du peuple à pénétrer, du pays à dominer!

N'est-ce pas à coups de canon que l'Angleterre se voit conduite à ouvrir le littoral chinois à son commerce et à celui de l'Europe? A coups de canon aussi, que la France et l'Angleterre font de concert respecter la vie de leurs missionnaires et ouvrir les grandes portes du commerce libre! N'est-ce pas l'effet inattendu et cependant légitime de la pression franco-anglaise qui vaut à la Russie la revision du traité de Nertchinsk, vainement attendue depuis deux siècles et qui lui permet d'atteindre par l'Oussouri les rivages d'une mer déjà plus libre de glaces ?

Et c'est aussi par la seule force des armes que l'Asie sibérienne débordera sur l'Asie centrale et prendra pied dans les riches vallées de l'Oxus et de l'Iaxarte et s'infiltrera dans les déserts et les oasis de la Caspienne.

Mêmes efforts et mêmes moyens pour la France en Indo-Chine et pour l'Angleterre dans l'Inde et en Birmanie : c'est pied à pied, les armes à la main, qu'elles y ont l'une et l'autre acquis le droit de vivre et de durer.

Et il n'est pas jusqu'à la plus pacifique et la plus récente des entreprises européennes, la pénétration industrielle en Chine, qui ne se puisse rattacher aux effets d'une cause essentiellement coercitive, puisqu'elle apparaît comme l'un des résultats primordiaux de la guerre sino-japonaise.

Emploi initial de la force et maintien de la force aux mains de l'Europe initiatrice et collaboratrice de l'Asie — tel est bien la loi d'airain qui s'est imposée au XIXe siècle pour l'accomplissement de sa mission.

Mais ce triomphe constant et constamment renouvelé de l'Européen étranger sur l'autochtone asiatique, n'est-il pas de ceux qui risquent de s'épuiser et de s'évanouir en se renouvelant sans cesse sous la même forme et par les mêmes moyens ?

Une heure devait venir — et il semble bien qu'elle ait sonné — où suivant le mot déjà ancien d'un de vos plus brillants conférenciers, M. Victor Bérard, « la Révolte de l'Asie » a signifié à l'Europe l'avènement nécessaire d'un nouveau régime dans leurs rapports réciproques.

Oui, en effet, l'œuvre commencée et poursuivie depuis cent ans doit être considérée comme terminée.

Conquérir était nécessaire aux peuples d'Europe en mal de perpétuel enfantement commercial et industriel. Mais conquérir pour conquérir et pour vendre ne saurait plus suffire à justifier la mission qui leur appartient.

L'Europe est arrivée au terme de sa route d'hier : continuer à avancer dans cette voie n'est plus possible, car elle marcherait vers les périls et vers l'inconnu.

Le phénomène auquel nous allons assister en Asie, l'Amérique nous en a déjà donné le grave et solennel spectacle. Là déjà, l'Europe a vu se dresser devant elle des peuples américains qui lui ont notifié leur volonté d'être désormais les seuls maîtres de leurs libres destinées. La doctrine de Monroé et la politique pan-américaine ont cessé d'être de simples thèses nationales ou de purs dogmes diplomatiques. Doctrine et politique sont aujourd'hui des faits patents et avérés avec lesquels l'Europe est tenue de compter.

En Asie, le xxe siècle à son aurore se trouve en face d'une égale et aussi solennelle revendication. Ce ne sont pas sans doute, comme de l'autre côté de l'Atlantique, des peuples plus ou moins directement nés de nous. Mais leurs droits à la vie ne sont pas moindres et pas moindres nos devoirs à leur égard.

Dans la nouvelle voie qui s'ouvre devant la mission asiatique de l'Europe, la France qui s'enorgueillit et s'honore d'être, suivant la belle définition de Renan, « l'ingénieuse, prompte et vive initiatrice du monde à toute idée grande et généreuse », la France ne doit pas être, ne sera pas la dernière à s'engager.

A la Chine voisine elle dira :

« Vous êtes un grand et noble réservoir d'hommes. Votre génie entrevit la route qui menait à la suprématie militaire par la découverte de la poudre à canon, à la suprématie maritime par la découverte de la boussole, à la suprématie intellectuelle par la découverte de l'imprimerie.

« Qu'importe si, dans vos mains figées par une pesante tradition, cette triple découverte ne vous a donné que des résultats insuffisants. Je sais la grandeur de votre passé, la force de votre volonté, la loyauté de vos commerçants, l'intelligence de vos lettrés, le courage de vos soldats, et la France est avec ceux qui pensent que la Chine a le droit et la force de vivre une et indépendante, que dans cette masse humaine que vous représentez, sous les décombres de votre long passé, il y a de multiples étincelles du feu divin, étincelles dont le souffle de la France sera toujours heureux d'aider à faire jaillir de nouvelles flammes.

« Nous sommes et serons pour vous des voisins, des amis, des collaborateurs. Nous vous donnerons, à ces divers titres et sans compter nos capitaux, nos ingénieurs, nos instructeurs pour travailler près de vous, avec vous, et pour vous et par là même au profit commun de la Chine, de la France, de l'humanité. »

Au Japon, la France dira à son tour :

« Je sais, j'admire la grandeur de votre histoire, la beauté de votre rénovation intérieure, la poésie, le charme et la force de votre esprit. Je comprends l'ambition qui vous anime. Grande est la tâche que vous avez à accomplir chez vous, autour de vous ; vous pouvez, vous devez l'accomplir sans mesquines entraves, car elle est de celles qui se peuvent concilier avec la tâche dévolue aux autres peuples, avec la garantie que vous avez librement et loyalement donnée à l'équilibre actuel de l'Extrême-Orient. La France est de ceux qui sont convaincus que vous n'ébranlerez pas cet équilibre, que votre devoir s'accorde avec votre intérêt de n'y porter aucune atteinte. Le respect de la parole donnée, de la foi jurée, n'est-ce pas une des marques distinctives des nobles esprits chez les hommes et des grands peuples dans la société des nations.

Aux peuples d'Indo-Chine, la France dira également : « Peuples et races qui vivez sous mes lois, que mon autorité domine et protège, soyons amis, c'est moi qui vous en convie. Je vous ai apporté, je vous ai imposé la paix française. Reconnaissez que cette paix française, c'est la paix du dedans, c'est la paix du dehors, qu'elle vous laisse le temps, le droit, le moyen de travailler, qu'en assurant votre travail, j'en facilite la rémunération et j'en respecte scrupuleusement les fruits, qui sont à vous, bien à vous.

« Et avec la paix, je mets à votre portée l'outillage économique, le crédit, l'hygiène, toutes choses que vous connaîtriez mal sans moi et qui améliorent vos conditions d'existence matérielle et morale.

« Sachez bien que la domination des lendemains d'une conquête déjà ancienne doit faire place de plus en plus à une meilleure et plus loyale conception de notre action réciproque. L'autorité française est un fait que vous n'avez pas souhaité ; mais elle a pour elle d'être un fait accompli, et, comme tel, se doit de durer. Plus sagement vous vous en accommoderez et plus vous influerez vous-mêmes sur les conditions nouvelles dans lesquelles ce fait est tenu de s'adapter à vos besoins, à vos esprits, à vos traditions, à vos intérêts.

« Que votre résignation ne soit pas seulement obligation d'accepter l'inévitable, mais qu'elle s'élève et se féconde en s'alliant à un désir actif de collaboration utile et de fidélité pratique. Et ainsi vous serez conduit à sentir que les nobles plis du drapeau de France peuvent abriter toutes les aspirations légitimes des peuples qu'il protège, toutes les espérances de concorde et d'union de ceux qui vivent et travaillent à son ombre. »

A l'Asie ottomane et persane, la France dira enfin :

« Vous êtes dignes du régime nouveau que vous vous êtes donné parce que vous avez su et pu l'obtenir. En témoignant de cette intelligence et de cette volonté, vous avez montré, Ottomans et Persans, le prix que vous attachiez aux bienfaits dont il était le symbole et le soin que vous prendriez de lui conservér son caractère de rénovation libérale et de restauration nationale.

« Pour cela, maintenez fermement l'ordre, la paix, l'union dans vos patries. C'est le plus sûr moyen de conserver la confiance de vos vrais amis, de déjouer les pièges de ceux qui veulent plus se servir de vous que vous servir. Par là aussi vous mettrez hors de toute atteinte votre indépendance politique, intérieure et extérieure.

« Ouvrez largement vos pays aux arts et aux travaux de la paix ; appelez à vous l'outillage moderne et tous ses bienfaits. Mais ayez bien soin de vous assurer que ces outils puissants auxquels vous avez eu ou vous aurez encore recours sont à vous, bien à vous, rien qu'à vous et ne puissent un jour se tourner en menaces contre l'indépendance et l'intégrité de vos patries. »

Tel est le langage que la France doit tenir haut et ferme aux peuples d'Asie qui se rattachent à elle par la communauté des intérêts, des traditions ou par les liens du voisinage. Et ce faisant, la France moderne sera fidèle à sa mission de justice et de liberté et travaillera à la paix de l'Europe et de l'Asie pour son propre bien et pour celui de l'humanité. (*Applaudissements prolongés.*)

BIBLIOTHÈQUE NATIONALE R.F. IMPRIMÉS

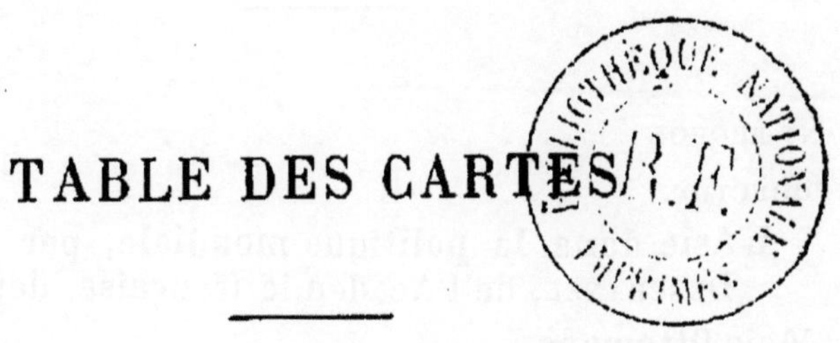

TABLE DES CARTES

TABLE DES MATIÈRES

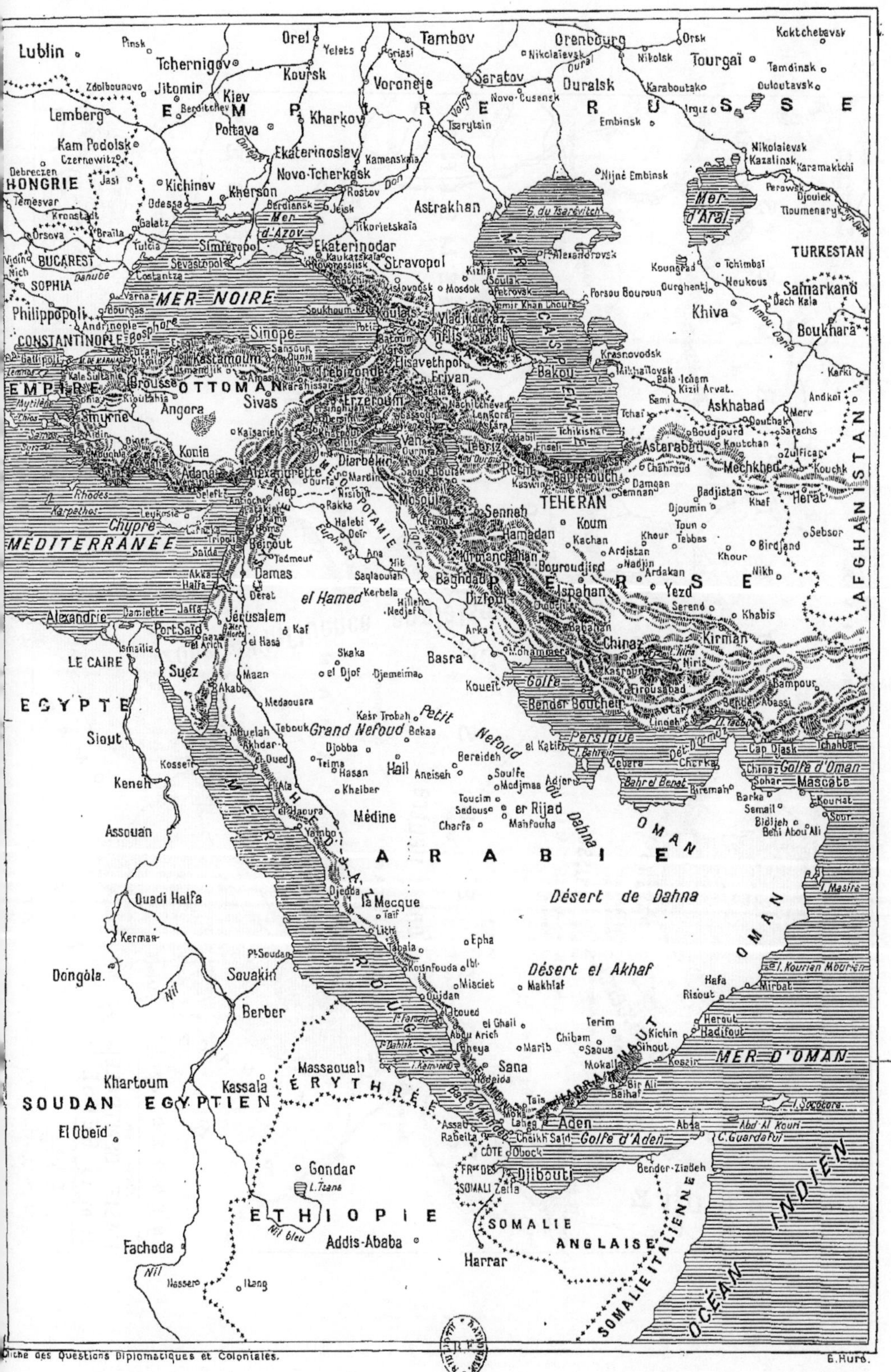

Cliché des Questions Diplomatiques et Coloniales.

G. Huré.

Carte de
L'ASIE CENTRALE
ET DE LA PERSE

Chemins de fer

Echelle

0 100 200 300 Kil.

Cliché des Questions Diplomatiques et Coloniales

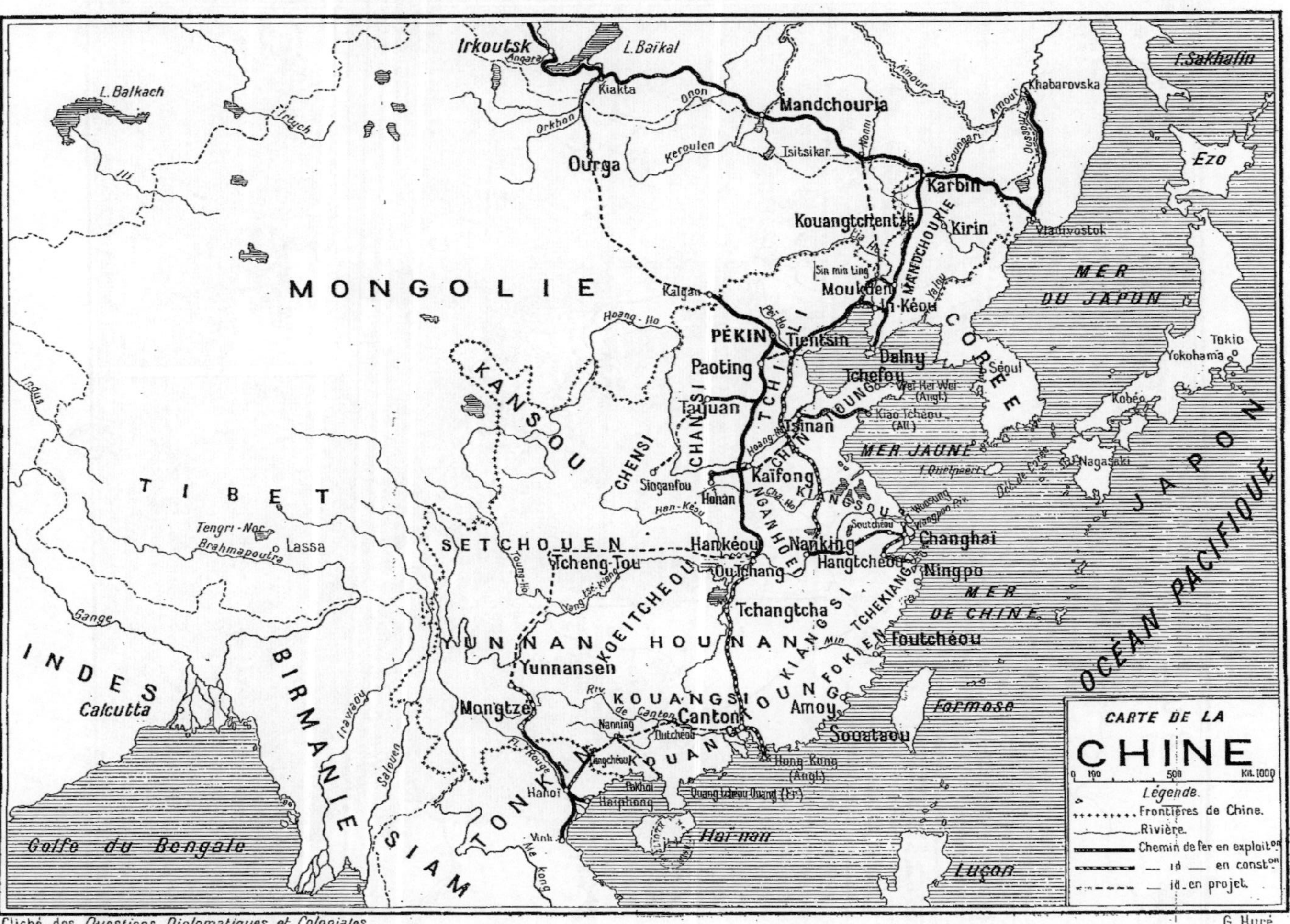

Cliché des *Questions Diplomatiques et Coloniales.*

G. Huré

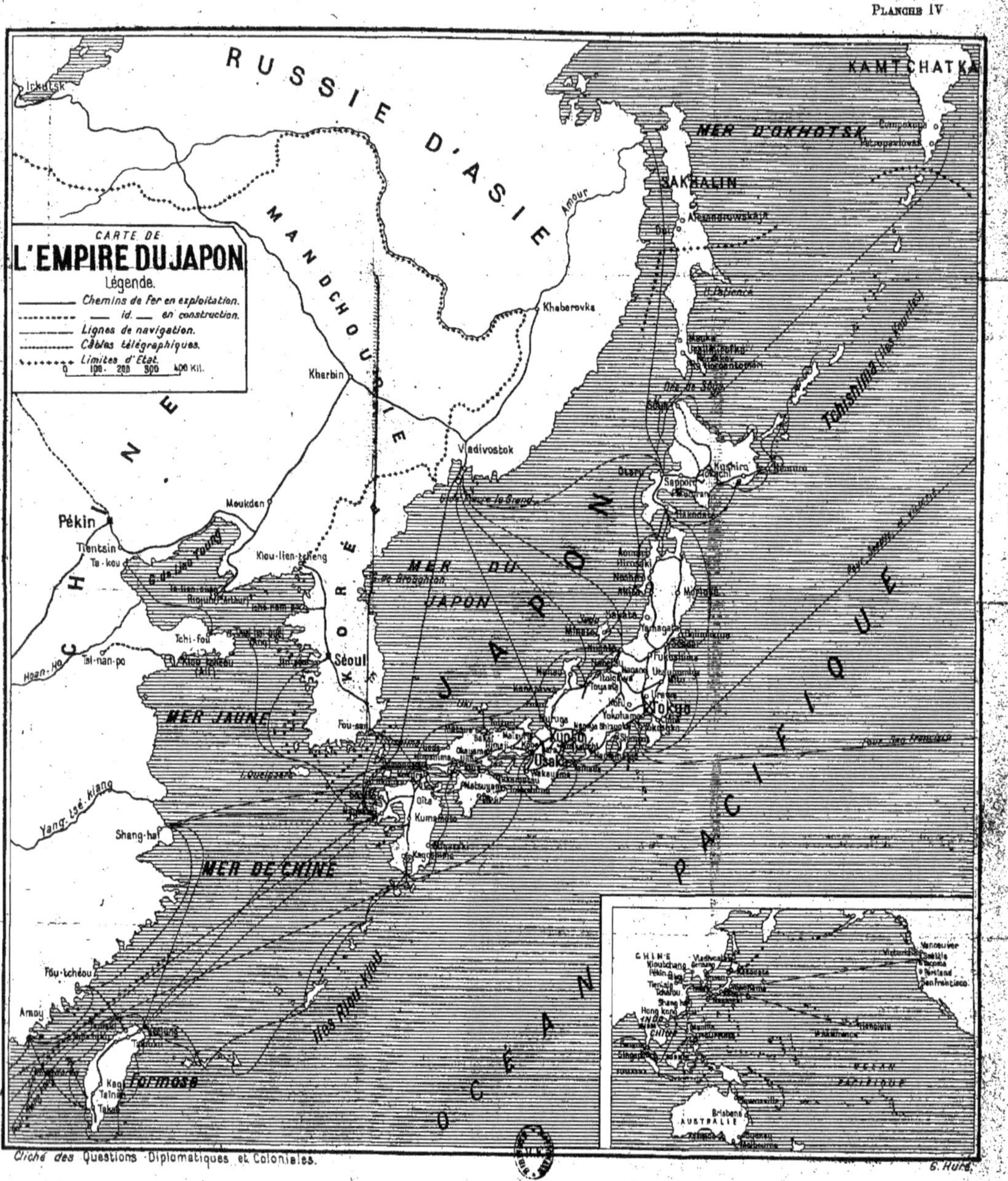
CARTE DE
L'EMPIRE DU JAPON
Légende.
Chemins de fer en exploitation.
id. en construction.
Lignes de navigation.
Câbles télégraphiques.
Limites d'Etat.
0 100 200 300 400 Kil.
RUSSIE D'ASIE
MANDCHOURIE
CHINE
KORÉE
JAPON
OCÉAN PACIFIQUE
MER D'OKHOTSK
MER DU JAPON
MER JAUNE
MER DE CHINE
KAMTCHATKA
SAKHALIN
Tchishima (Iles Kouriles)
Iles Riou-Kiou
Formose
Irkutsk
Kharbin
Khabarovka
Vladivostok
Moukden
Pékin
Tientsin
Séoul
Fou-san
Shang-haï
Fou-tchéou
Amoy
Osaka
Kobé
Tokyo
Yokohama
Sapporo
Kushiro
Nagasaki
Kumamoto
Amour
Yang-tsé-kiang
Hoan-Ho
CHINE
AUSTRALIE
Vancouver
San Francisco
Cliché des Questions Diplomatiques et Coloniales.
G. Huré.

FÉLIX ALCAN, Éditeur.

OUVRAGES SUR L'EXTRÊME-ORIENT

La question d'Extrême-Orient, par E. Driault. 1 vol. in-8. . . . . 7 fr.

Histoire des relations de la Chine avec les puissances occidentales (1860-1901), par Henri Cordier, de l'Institut, professeur à l'École des langues orientales vivantes. 3 vol. in-8, avec cartes . . . . 30 fr.

On vend séparément : I. *L'empereur Toung-Tché*, 1861-1875. 1 vol. in-8. 10 fr. ; — II. *L'Empereur Kouang-Siu* (1re partie, 1876-1887). 1 vol. in-8, 10 fr. ; — III. *L'empereur Kouang-Siu* (2e partie, 1887-1901). 1 vol. in-8. . . . . . 10 fr.

L'Expédition de Chine de 1857-58, par le même. 1 vol. in-8, avec cartes . . . . 7 fr.

L'Expédition de Chine de 1860, par le même. 1 vol. in-8 . . . . 7 fr.

La Chine nouvelle, par Jean Rodes. 1 vol. in-16. . . . . 3 fr. 50

En Chine. *Mœurs et institutions. Hommes et faits.* Par Maurice Courant, ancien interprète de la légation de France à Pékin. 1 vol. in-12. . . . . . . 3 fr. 50

Le drame chinois (juillet-août 1900), par Marcel Monnier. 1 vol. in-12. . . 2 fr. 50

Okoubo, par Maurice Courant. 1 vol. in-16, avec un portrait en phototypie. 2 fr. 50

L'Extrême-Orient. *Études d'hier. Événements d'aujourd'hui*, par Alexandre Halot, consul impérial du Japon. Préface de Michel Revon, ancien professeur à l'Université de Tokio, chargé de cours à la Sorbonne. 1 vol. in-12. . . . . . . 4 fr.

Autour du Monde, par les Boursiers de voyage de l'Université de Paris. 1 vol. grand in-8. . . . . 10 fr.

L'Indo-Chine française (*Cochinchine, Cambodge, Annam et Tonkin*), par J.-L. de Lanessan. 1 vol. in-8 avec 5 cartes (*Couronné par la Société de géographie commerciale de Paris*). . . . . 15 fr.

La religion du Véda, par H. Oldenberg, professeur à l'Université de Kiel. Traduit de l'allemand par Victor Henry, professeur à la Sorbonne. 1 vol. in-8. . . . 10 fr.

Le Bouddha, *sa vie, sa doctrine, sa communauté*, par le même. Traduit de l'allemand par P. Foucher, chargé de cours à la Sorbonne. Préface de M. Sylvain Lévi, professeur au Collège de France. 2e édit. française d'après la 3e édit. allemande. 1 vol. in-8. . . . . 7 fr. 50

Le protestantisme au Japon (1859-1907), par R. Allier. 1 vol. in-16 . . . . 3 fr. 50

OUVRAGES SUR L'ORIENT

Histoire diplomatique de l'Europe, de 1815 à 1878, par A. Debidour, inspecteur général de l'Instruction publique. 2 forts volumes in-8 . . . . 18 fr.

Les Tchèques et la Bohême contemporaine, par J. Bourlier, préface de M. Flourens, ancien ministre des affaires étrangères. 1 vol. in-16 . . . . 3 fr. 50

Les races et les nationalités en Autriche-Hongrie, par A. Auerbach, professeur à la Faculté des lettres de l'Université de Nancy. 1 vol. in-8. (*2e édition. Sous Presse*).

La Turquie et l'Hellénisme contemporain, par V. Bérard. 5e édition. 1 vol. in-16. (*Couronné par l'Académie française*) . . . . 3 fr. 50

Histoire de la Roumanie contemporaine, *depuis l'avènement des princes indigènes jusqu'à nos jours*, par Fr. Damé. 1 vol. in-8. . . . . 7 fr.

Le Pays Magyar, par R. Recouly, agrégé de l'Université. 1 vol. in-16. . . . 3 fr. 50

La politique orientale de Napoléon (*Sebastiani et Gardane*) (1806-1808), par E. Driault. 1 vol. in-8 (*Récompensé par l'Institut*). . . . . . . 7 fr.

La question d'Orient. *Depuis ses origines jusqu'à nos jours*, par le même. Préface de G. Monod, de l'Institut. 4e édition refondue. 1 vol. in-8 (*Récompensé par l'Institut*). . . . . 7 fr.

Le Sultan et les Grandes Puissances. *Essai historique*, par Malcolm Mac Coll. Traduit de l'anglais par Jean Longuet, préface d'Urbain Gohier. 1 vol. in-8. 1899 . . . . 5 fr.

Histoire de l'Empire Ottoman jusqu'à la Révolution de 1909, par L. Collas et E. Driault. 4e édition. 1 vol. in-32 . . . . 0 fr. 60

241-10. — Coulommiers. Imp. Paul BRODARD. — 3-10.

www.ingramcontent.com/pod-product-compliance
Ingram Content Group UK Ltd.
Pitfield, Milton Keynes, MK11 3LW, UK
UKHW020313230726
13925UKWH00002B/396